U0516816

人才牵引

全面任职资格体系设计

郭小磊◎著

中信出版集团｜北京

图书在版编目（CIP）数据

人才牵引：全面任职资格体系设计 / 郭小磊著 . --
北京：中信出版社，2024.4
  ISBN 978-7-5217-6441-3

  Ⅰ . ①人… Ⅱ . ①郭… Ⅲ . ①人才－发展－研究
Ⅳ . ① C964

中国国家版本馆 CIP 数据核字（2024）第 048389 号

人才牵引——全面任职资格体系设计

著者：　　　郭小磊
出版发行：　中信出版集团股份有限公司
　　　　　　（北京市朝阳区东三环北路 27 号嘉铭中心　邮编　100020）
承印者：　　北京通州皇家印刷厂

开本：880mm×1230mm　1/32　　印张：10　　　　字数：203 千字
版次：2024 年 4 月第 1 版　　　　　印次：2024 年 4 月第 1 次印刷
书号：ISBN 978-7-5217-6441-3
定价：69.00 元

目 录

前　言

　　晋升是所有职场人都津津乐道的话题，过去，晋升看起来只与管理岗位相关，也就是说晋升意味着"当官"或者"当更大的官"。但是随着组织架构逐渐扁平化，管理岗位的数量一直在减少，双通道或多通道设置成为必然。企业如何决定谁可以晋升？晋升标准是什么？晋升之后员工可以获得什么？为员工设置双通道或者多通道可以给公司带来什么？

　　这就是本书的核心内容——全面任职资格体系。近年来，任职资格体系成为人力资源机制设计的一个"热点"，基于此，本书对如何设计任职资格体系进行了详细讲解。

　　可能有人会产生疑问：任职资格体系是否只适合大型企业？不是的，任职资格体系对所有企业来说都是适用的。过去可能只有部分大型企业才重视任职资格体系的搭建，但是近年来，越来越多的企业意识到了任职资格体系的价值。

　　本书主要包括四个方面。

　　第一：澄清任职资格体系的核心价值。在辅导企业的过程中，我发现大部分企业对任职资格体系的核心价值有着错误的认知，这是任职资格体系发挥不了应有价值的主要原因。

第二：详细讲解全面任职资格体系的设计方法。一个体系是由一系列相互关联的小机制组合而来的，全面任职资格体系包含哪些"小机制"？这些"小机制"的应用逻辑和设计方法是什么？它们如何关联起来？关于这些问题，本书都会一一解答。

第三：告诉企业如何通过全面任职资格体系来打造组织能力。组织能力在企业中的作用不言而喻，但是关于如何打造组织能力，其实很多企业是束手无策的。

第四：讲解企业在落地全面任职资格体系的过程中可能遇到的各种细节问题及处理办法。细节决定成败，一个可以看到预期效果的方案一定在设计时就充分考虑了落地执行过程中的各种细节。本书将企业可能遇到的各种细节问题一一列出，并给出了详细的解决方案。

任职资格不同于岗位职责，虽然它们都是对员工的要求，但是岗位职责仅仅划定了工作的边界，而任职资格可以引导员工做更多、更有价值的事情。任职资格也不同于胜任力，虽然它们都是对员工胜任某个岗位的能力要求，但胜任力关注的是"员工是否具备能力"，而任职资格关注的是"员工在具备能力的同时，要实实在在为公司创造价值"。

这是一本看起来有点"小众"的书，因为"任职资格"这个词对于很多非人力资源领域的人来说可能有点陌生，即使是企业人力资源岗位的员工，很多人也没有弄清楚它的概念和用法。但是我们也可以将这本书视为一本"大众"书，因为书中的内容和职场中的每个人都息息相关，而且与任职资格相关的理念早就有了很成熟的应用。

中国历史上著名的"商鞅变法"中有一个关键内容是"军功爵制",这个机制使秦国的军队所向披靡,军功爵制将士兵的爵位分为20个级别(见表0-1)。

表0-1 军功爵制

等级	爵位	等级	爵位
1	公士	11	右庶长
2	上造	12	左更
3	簪袅	13	中更
4	不更	14	右更
5	大夫	15	少上造
6	官大夫	16	大上造
7	公大夫	17	驷车庶长
8	公乘	18	大庶长
9	五大夫	19	关内侯
10	左庶长	20	彻侯

根据在战场上杀死敌人的数量,士兵可以获得相应的爵位。史料记载,斩杀敌人"甲士"一名,士兵可以晋升为公士,并获得岁俸50石、田一顷、宅一处和仆人一个,甚至不同爵位的士兵在战场上使用的武器也是不一样的。

军功爵制其实就是典型的任职资格体系,也就是说在两千多年前,我们的祖先就已经在用任职资格理念来进行管理了。类似的机制在古代还有很多,比如古代官员的品级。

回到现代场景,我们周边有很多应用任职资格体系的例子,比如游戏角色的等级、各种会员卡。

在企业管理中，任职资格体系很早就开始在国内应用了，最早是配合薪酬体系的"双通道"，后来华为根据英国国家职业资格认证体系在20多年前就建立了任职资格体系，华为的任职资格体系在一定程度上可以说是现在很多企业所用的任职资格体系的雏形。

那么为什么直到近几年这套体系才开始受到越来越多企业的重视呢？这是因为任职资格体系的管理逻辑非常符合当下企业人力资源管理的发展趋势。

第一个趋势：人力资源管理逐渐从以岗位职责为基础走向以人的能力为基础。

传统人力资源管理的基础是岗位职责，岗位职责可以划定员工的工作边界，使员工将精力集中在一定范围内，从而提高工作效率。

但是随着知识型员工成为主体以及企业的工作越来越复杂、越来越需要创新，这时候明确的岗位职责反而限制了人才的成长，于是以人的能力为基础的人力资源管理逐渐成为主要方式。这种人才管理方式有两个核心要点：一是提升人的能力，二是为有能力的人提供更大的发展空间。

第二个趋势：促使员工更好地创造价值成为人力资源管理的侧重点。

大部分企业的人力资源管理都遵循"创造价值、评价价值、分配价值"的逻辑闭环，其侧重点是评价价值和分配价值部分，评价价值用的是绩效考核，分配价值用的是薪酬激励。对于简单的、重复度高的工作来说，这种方式是合适的，因为这时候企业只需要关注结果，并针对结果给予激励，就可以驱动员工很好地完成工作。

但是随着各类工作越来越复杂，对创新的要求越来越高，企业仅靠"关注结果、给予激励"的方式，是没有办法促使员工更好地应对工作的。这时候越来越多的企业发现，人才管理的重点需要从评价价值和分配价值部分转向创造价值部分。

第三个趋势：人才成为企业发展的原动力。

很多人都能感受到，人力资源管理近几年越来越受到重视，我们从人力资源部门的名称变化上也可以看出这一点。以前人力资源部门叫人事部、人事行政部，现在很多企业甚至称其为人力资本部、人力运营部、人才发展中心，这是为什么呢？

因为随着外部竞争的加剧，企业越来越需要人才发挥主观能动性，并依靠不断成长的人才来牵引业务的发展。这时候人才被视为资本，资本的特点是可以增值，从而为企业创造更大的价值。

不同于传统的任职资格体系，本书强调"全面任职资格"，全面任职资格体系有四个特征：（1）全面，包括内容全面、价值全面；（2）以牵引人才发展为核心出发点；（3）以提升组织能力为关键价值；（4）以支持甚至引领业务发展为最终目的。因此，全面任职资格体系是集"引导员工创造价值"、"提升员工能力"、"提升组织能力"为一体的管理机制。

三年多的时间，我终于完成了第二本书。其实《绩效赋能》一书出版后，我就开始着手撰写本书了，只是作为一名企业咨询顾问，平时工作太忙，直到今天才完成《人才牵引》这本书。我非常感谢我的客户和朋友们，你们的认可激发了我的写书热情，给了我写书的动力。同时我要感谢我的家人，是你们的大力支持让我在新冠肺炎疫情期间有了坚持写书的勇气。最后还要感谢我的助理Ella和中信出版社的编辑们，你们提出的建设性意见给我带来了很大的帮助。

希望我的分享可以给正在或者将要搭建任职资格体系的读者带来一些启发与帮助。

第 1 章

任职资格与任职资格体系

"任职资格"这个词对大多数人，尤其是人力资源方面的从业者来说应该并不陌生，其表面意思也很容易理解，但是大部分人对任职资格的认知是片面的。本章将对市面上与任职资格相关的概念进行解释，并系统介绍任职资格体系。

常见的三类任职资格

从基本概念看，任职资格是指胜任某一职位的资格要求。在人力资源管理领域，常用的任职资格可以分为三类。

第一类是从事某一工作必须具备的资质要求，这可能是行业规定，也可能是某公司特有的要求。比如，会计从业资格证书是从事财会类工作的人员必须有的证书，拥有人力资源二级证书可能是某些公司在招聘HR（人力资源工作从业者）时的硬性要求。

第二类是从事某一工作需要具备的基本资质，比如学历、基础能力和素质等，大部分公司的岗位职责说明书中都含有这类任职资格。

第三类是职位（级别）晋升条件。比如，要想从初级工程师晋升为高级工程师，员工的沟通能力、项目管理能力等要达到一定水平。这类任职资格通常代表着公司对员工的能力和素质要求，员工要想达到更高级别，就必须满足这些要求。

在实际应用中，第一类任职资格一般是某些岗位的特定要求，具有一定的行业通用性。第二类任职资格的应用比较宽泛，更多说明的是一般岗位的能力要求。第三类任职资格要求公司对员工的能力进行详细的分级说明，从而对员工能力的提升起到引导作用，因此这类任职资格越来越受到大众的认可。本书后文提到的任职资格在没有特别说明的情况下，指的都是第三类任职资格。

第三类任职资格也可以叫晋升标准，在实际应用中通常与员工的职级晋升通道相关联。大多数企业的职级晋升通道分为两类：管理通道和专业通道（见图1-1）。其中，管理通道是为带团队的管理人员设置的，专业通道是为不带团队的专业人才设置的。任职资格就是员工在双通道的各个级别上晋升时应满足的要求。在企业管理中，职级晋升通道与任职资格是相辅相成的。

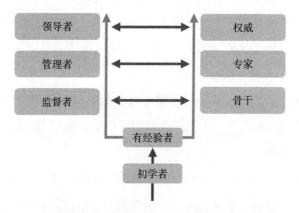

图1-1　通用的员工职级晋升双通道

任职资格体系

从企业管理的角度看，任何一个机制要想有效发挥作用，都需要一套由核心内容和一系列相关制度组成的体系。任职资格也是如此，我们把围绕任职资格所形成的一系列制度和模型叫作任职资格体系。一个完整的任职资格体系包括五个模块：职位序列、职级晋升通道、任职资格标准、认证评价、结果应用。任职资格体系模型如图1-2所示。

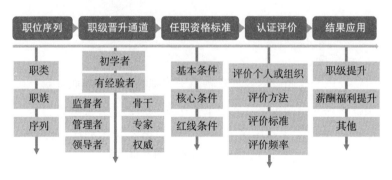

图1-2　任职资格体系模型

职位序列

职位序列是一系列性质相同的岗位的集合，企业划分职位序列是为了对岗位进行分类管理。在实际操作中，根据相似性的强弱，职位序列被分为不同的层次，最常用的三个层次是：职类、职族、序列。根据管理需要，企业可以设置更多层次，表1-1为某公司的职位序列（部分）。

职级晋升通道

职级晋升通道是每个序列的员工向上晋升的路径，它可以为员工打开向上发展的空间。通过职级晋升通道，企业可以使职级与薪酬建立关联。表1-2为某公司的职级晋升通道（部分）。

任职资格标准

这里的任职资格标准是指前文提到的第三类任职资格。任职资格标准是职级晋升通道上每个级别对应的任职要求，员工如果想在职级晋升通道上晋升，就要符合相应的任职资格标准。任职资格标准是任职资格体系中最核心的部分，表1-3为某公司的任职资格标准模板。

该公司任职资格标准中的核心条件说明如表1-4所示。

表1-1 某公司的职位序列（部分）

职位序列划分	管理类	专业类																
		营销族				技术族				供应链族			质量族		职能族			
		销售序列	客户服务序列	运营序列	市场序列	设计序列	研发序列	产品序列	软件开发序列	计划序列	采购序列	生产序列	QA序列	QC序列	人力资源序列	财务序列	审计序列	法务序列
包含岗位	总监、经理、区域经理、销售主管	销售专员、退款专员	客服专员、用户专员、客服质检专员	数据分析专员、商品专员、推广专员、直播专员、新媒体运营专员	市场研究专员、用户研究专员	摄影师、短视频编导、剪辑师、包装设计师、插画师、三维设计师、修图师	研发工程师	产品专员	信息技术工程师、架构师、项目经理	计划专员、物控专员、数据处理专员	采购专员	乳化专员、配料专员、设备专员	体系专员、工艺工程师、QE（质量工程师）	包材检测员、成品检验员、化验员、巡检员	薪酬绩效专员、学习发展专员、招聘专员、人事专员	会计、出纳、预算专员	审计师	法务专员、法规专员

注：QA是指质量保证，QC是指质量控制。

表1-2 某公司的职级晋升通道（部分）

职等	管理类	营销族				技术族			供应链族			职能族		
		销售序列	客户服务序列	运营序列	市场序列	设计序列	研发序列	产品序列	计划序列	采购序列	生产序列	人力资源序列	财务序列	法务序列
11	M7													
10	M6													
9	M5 总监					P6 高级专家	P6 高级专家	P6 资深产品经理						
8	M4 经理		P6 高级专家			P5 专家	P5 专家	P5 高级产品经理						P5 专家
7	M3	P6 六星	P5 专家	P5 专家	P5 专家	P4 资深	P4 资深	P4 产品经理				P5 专家	P5 专家	P4 资深
6	M2 主管	P5 五星	P4 资深	P4 资深	P4 资深	P3 高级	P3 高级	P3 产品主管	P4 资深	P4 资深	P4 资深	P4 资深	P4 资深	P3 高级
5	M1	P4 四星	P3 高级	P3 高级	P3 高级	P2 初级	P2 初级	P2 产品专员	P3 高级	P3 高级	P3 高级	P3 高级	P3 高级	P2 初级
4		P3 三星	P2 初级	P2 初级	P2 初级	P1 助理	P1 助理	P1 产品助理	P2 初级	P2 初级	P2 初级	P2 初级	P2 初级	P1 助理
3		P2 二星	P1 助理	P1 助理	P1 助理				P1 助理	P1 助理	P1 助理	P1 助理	P1 助理	
2		P1 一星												
1														

表1-3 某公司的任职资格标准模板

任职资格标准			1级	2级	3级	4级	5级
基本条件	资历						
	绩效						
	知识						
	类别	模块	要点	描述			
核心条件	技能行为项						
	素质项						
红线条件							

表1-4 某公司任职资格标准中的核心条件（部分）

模块	要点	1级			2级			3级			4级		
		关键词	描述	关键要素（晋升评估中的关注点）	关键词	描述	关键要素（晋升评估中的关注点）	关键词	描述	关键要素（晋升评估中的关注点）	关键词	描述	关键要素（晋升评估中的关注点）
战略意识	战略理解	理解	熟悉并理解公司战略及本部门业务规划；了解本部门业务规划	1.说出公司战略及本部门业务规划；2.说出自己对公司战略、本部门业务规划的理解（无论对错）	参与规划本模块业务	依据业务流程，参与规划所负责模块的业务	1.说明自己独立规划的部分；2.说明本模块的规划与其他模块的关系	主导本模块业务规划	主导完成所负责模块的业务规划	1.主导（牵头）；2.形成业务规划方案	参与公司战略解码	参与公司战略解码，提出有效的规划建议并最终被采纳	至少提出1条建议，并被采纳
客户导向	业务理解	了解业务	了解公司业务范围、经营范围、常用产品、客户群体、发展历史、核心竞争力以及公司与核心业务的相关的专业术语	1.正确描述公司经营范围、常用产品、发展历史、核心竞争力；2.正确描述公司的客户群体；3.用专业术语描述公司业务	了解价值链	了解公司的核心价值链及前台部门的核心流程	1.正确描述公司的核心价值链；2.了解前台部门；3.了解核心流程	了解客户画像	了解公司核心客户的特征	至少了解3类核心客户	了解公司战略客户	根据公司的发展战略，勾画公司未来潜在客户的特征	1.依据战略；2.未来潜在的客户；3.客户特征

模块	要点	1级 关键词	1级 描述	1级 关键要素（晋升评估中的关注点）	2级 关键词	2级 描述	2级 关键要素（晋升评估中的关注点）	3级 关键词	3级 描述	3级 关键要素（晋升评估中的关注点）	4级 关键词	4级 描述	4级 关键要素（晋升评估中的关注点）
	业务贡献	介绍公司	主动向其他公司或公司非本公司人员介绍本公司业务	1.主动；2.介绍业务内容	业务建议	为其他部门的发展提出本非专业的优化建议并被采纳	1.了解本部门（一级部门）外的其他部门；2.建议内容为非本人负责的专业领域	需求转化	给公司带来业务机会	与公司有需求对接	业务实现	给公司带来实际业务	1.有实际业务发生；2.需求方为本人介绍
客户导向 市场洞察	熟悉基本信息	熟悉公司	熟悉公司架构，所有部门的核心工作	1.说出公司架构、一级部门的核心工作；2.说出公司管理人员，P4及以上级别员工的名字	分析市场信息	分析市场上关于本模块的信息，核心内容包括本模块的发展趋势、行业借鉴等	每季度至少形成1份书面报告	借鉴实施	根据对市场人力资源信息的分析，提出优化建议并被采纳	1.说明分析依据；2.至少1条建议被采纳	公司内部推广	根据对市场人力资源信息的分析，提出优化建议并在公司内部实施和推广	1.说明分析依据；2.至少1条建议被采纳；3.至少在两个部门内部推广（不含人力资源部门）

模块	要素	1级			2级			3级			4级		
		关键词	描述	关键要素（晋升评估中的关注点）	关键词	描述	关键要素（晋升评估中的关注点）	关键词	描述	关键要素（晋升评估中的关注点）	关键词	描述	关键要素（晋升评估中的关注点）
影响力	教练能力	辅导初级员工	向新员工提供工作相关流程规范以及工作技巧等其他方面的指导	1.阐述新员工目前的需求和达成的结果；2.可以是本部门的新员工，也可以是其他部门的	带教员工	被带教员工在员工带教期结束后能独立承担基础工作	1.了解被带教人；2.说明指导内容；3.阐述被带教人的优势、劣势及潜力	目标引导	教会员工制定、分解、监控、优化目标或工作流程 / 在指导员工处理问题的过程中教会员工思考问题产生的原因及底层逻辑	1.被带教人可以是本部门员工，也可以是非本部门员工；2.辅导内容应包括目标或工作流程的制定、分解、监控、优化 / 描述问题产生的原因或底层逻辑	提供培养方案	能够为员工量身提供培养方案	1.有培养方案；2.方案内容由本人主导生成

模块	要点	1级			2级			3级			4级		
		关键词	描述	关键要素（晋升评估中的关注点）	关键词	描述	关键要素（晋升评估中的关注点）	关键词	描述	关键要素（晋升评估中的关注点）	关键词	描述	关键要素（晋升评估中的关注点）
	知识管理	将经验用于本部门	总结日常工作经验并将经验用于本部门工作	1.至少说明4条经验；2.说明如何将经验应用到工作中，产生了什么成效	将经验用于其他部门	总结日常工作经验并将经验用于其他部门	1.至少说明1条经验；2.说明如何将经验应用到工作中，产生了什么成效	传授方法论	总结知识或经验，丰富部门知识库	至少有1条建议被选入部门知识库（建议部门建立知识库）	形成工作方法并应用	根据个人经验梳理出一套可落地的、可执行的、可提高工作效率的工作方法，并进行应用	1.说明新旧工作方法的差异；2.工作方法如何落地执行，描述执行细节；3.说明应用效果
影响力	雇主品牌打造	熟悉雇主品牌	清楚描述雇主品牌概念以及公司未来要打造的雇主品牌形象	1.说出雇主品牌的关键词；2.说出对雇主品牌形象的理解，可以是公司的，也可以是自己思考的	品牌包装	在必要的场合和场景下，对公司品牌进行包装宣传，提升公司的形象	1.说明需要包装的场景；2.包装方式与公司常用方式不同	品牌提升	作为重要成员，使公司品牌获得行业协会、政府等的奖励或认可	1.主导某项目或是重要成员；2.项目获得行业协会、政府奖励或等的认可		—	

模块	要点	1级			2级			3级			4级		
		关键词	描述	关键要素（晋升评估中的关注点）	关键词	描述	关键要素（晋升评估中的关注点）	关键词	描述	关键要素（晋升评估中的关注点）	关键词	描述	关键要素（晋升评估中的关注点）
影响力	团队协作	部门内部沟通	主动发现部门其他岗位的基本问题并及时反馈	1. 主动发现；2. 提出建议并被采纳	跨部门、上下游协作	发现跨部门和上下游业务中的问题，提出改进建议并被采纳	1. 说明问题及相应建议；2. 建议被采纳	发现重大问题并解决	发现上下游业务中的重大问题，提出改进建议被采纳	1. 发现重大问题（跨三个及以上部门）；2. 建议被采纳		—	
						根据关联业务的情况，优化本部门或者本岗位相关工作流程、工作方法等	1. 说明根据哪些关联业务进行优化；2. 说明优化的内容		优化与本部门或者本岗位相关的重大工作流程、工作方法等	优化重大工作流程或方法（跨三个及以上部门）			

模块	要点	1级			2级			3级			4级		
		关键词	描述	关键要素（晋升评估中的关注点）	关键词	描述	关键要素（晋升评估中的关注点）	关键词	描述	关键要素（晋升评估中的关注点）	关键词	描述	关键要素（晋升评估中的关注点）
影响力	沟通协调能力	有效沟通	运用沟通技巧向他人做出清晰表达	1. 描述沟通对象及需要运用的沟通技巧；2. 说明沟通效果	换位思考	站在对方角度考虑问题，在交流中善于运用提问、引导、确认、总结等方式	1. 列出换位思考的要点；2. 说服他人至少采取1项行动；3. 不因为语言、沟通问题而引起相关投诉	解决问题	在沟通时设定目标及预期结果，提供多种解决方案，采用最佳方案来实现目标	1. 列出目标及预期结果；2. 至少提出两种解决方案；3. 说明最终实现的目标	协调资源	代表本部门协调其他部门的资源	1. 说明协调内容；2. 至少跨两个部门；3. 有关键成果

认证评价

认证评价是指确定员工能否晋升的评价方式和方法（见表1–5），通过认证评价的员工才能最终获得认可和晋升。

表1–5 某公司的认证评价（部分）

项目	说明
评审人	一、公司级评审委员会（P4 及以上级别或 M5 及以上级别的晋升） 1. 组成：董事长、人力资源部门负责人、相关部门负责人、高级别员工 2. 人数：3 ~ 5 位 3. 员工所在部门的负责人为辅助答辩人 二、部门级评审委员会（P4 以下级别或 M5 以下级别的晋升，以及 P3 及以上级别的小级别晋升） 1. 组成：人力资源部门负责人、部门负责人、直接上级、相关部门负责人、高级别员工 2. 人数：3 ~ 5 位 三、部门负责人（P3 以下级别的小级别晋升）
被评审人提前准备的材料及要求	1. 个人基本情况及主要工作职责介绍，内容不超过 3 页 PPT（演示文稿），介绍时长不超过 5 分钟； 2. 参照关键要素，根据技能行为项准备举证案例，举证案例应该是最近发生的（若无特别说明，通常是 1 年内发生的）且已经产生效果的事件； 3. 举证案例应与自身工作相关，举证应以具体事件为描述对象，描述方式见公司的《举证描述方法说明》； 4. 举证之后对技能行为项的每条描述进行自评，具体规则见公司的《评分标准》

项目	说明
评审流程	1. 评审人提前了解举证案例，并根据举证案例或对该员工日常工作的了解进行预评； 2. 评审前，评审人开会对评审规则进行统一，对于员工自评结果、各评审人评价结果都一致的项目，在评审过程中可以不进行提问； 3. 评审开始后，被评审人首先进行介绍，之后针对技能行为项说明自评理由； 4. 评审人根据举证案例进行提问并各自做出评价，评价的关键点参考关键要素，同时对于与被评审人自评结果不一致的评价结果，说明理由； 5. 评审结束后，部门级评审委员会成员进行协商并对每项评审结果达成一致（直接上级参与讨论），公司级评审委员会成员的平均分为员工的最终评审结果（若最高分与最低分的差异大于 40 分，则需要重新打分）； 6. 确定晋升人员名单后三个工作日内，由被评审人的直接上级将结果反馈给被评审人
晋升标准	适岗度 = 实际得分 ÷ 员工最高可以达到的分值 × 100% A 等：适岗度 ≥ 90% B 等：适岗度 ≥ 80%

结果应用

结果应用是指在认证评价结束后，企业对可以晋升的人员给予相应的激励。在任职资格体系中，认证评价的结果主要应用于员工职级提升、薪酬福利提升等方面，这是员工愿意按照任职资格标准提升自己的关键动力。

从起源看任职资格体系的核心价值

虽然对员工来说，任职资格体系的明显"好处"是职级、薪酬福利等的提升，但是任职资格体系的核心价值却并不在此。那么任职资格体系的核心价值是什么呢？

华为引入任职资格体系的原因

当前大部分中国企业所使用的任职资格体系源自华为引入的英国国家职业资格认证体系。华为元老孙亚芳（1998—2018年担任华为董事长）曾讲述过华为任职资格体系的引进历程。

1997年底，华为作为试点单位参加了英国国家职业资格认证体系考察和考评员培训活动。在此次活动中，华为对英国国家职业资格认证体系的产生、标准制定以及产业指导机构、证书机构、鉴定中心的实际运作方式等方面进行了全面考察。该体系总共涵盖11个领域、800多种职业，每一种具体职业都有相应的任职资格认证标准，从1级到5级，每级都有详细的达标要求和认证方法。华为总结了该体系的特点，包括以下几点：

- 英国国家职业资格认证体系的意义并不在证书本身，而在于认证过程中人的提升，该体系的考评中没有失败者，它重在培养人。
- 英国国家职业资格认证体系强调技能和能力，而不是评价一个人是否优于另一个人。
- 英国国家职业资格认证体系强调用证据说话，严把质量关。英国是一个十分强调信用的国家，重视用证据说话，许多证据都是从考生的工作现场提取的，考官根据工作记录和输出来考察员工的每一项技能。
- 英国国家职业资格认证体系为每种职业都设计了标准，员工该做什么、怎么做都有详细规定，每一级别员工的能力要求皆有所不同。这样每个人都可以清楚地知道自己的能力水平以及所处的位置。如果员工希望达到更高级别，那么他能看清努力的方向。这有利于员工做出合理的个人选择以及承诺，员工也更愿意持续付出努力。
- 英国国家职业资格认证体系的考评结果不与薪酬挂钩，不把人的注意力有意引向薪酬待遇，而是更多地强调个人的成长和发展。

为了做好职业资格认证体系，英国成立了遍布全国的证书机构和鉴定中心，培养了大量考评员、督考员，由他们从事培训和认证工作，同时建立了职业学校，帮助在职或失业员工提高技能，获得职业资格证书。

华为认为公司现有的员工80%来自学校，员工普遍在专业知识与解决实际问题之间存在差距。如何使员工尽快从"学校人"转变成"企业人"？英国国家职业资格认证体系给华为的人力资源管理提供了新思路。1998年，华为联合外部咨询机构在公司的秘书系统推行任职资格体系。在秘书系统的任职资格体系推行成功后，华为逐步将其推广到其他岗位，最终形成了包含公司所有岗位的任职资格体系。

任职资格体系的核心价值

结合华为对英国国家职业资格认证体系的评价以及任职资格体系的内容，我们可以总结出任职资格体系的核心价值——牵引人才发展，即从组织需求的角度明确员工能力提升的方向和标准，牵引员工规范、高效、主动地提升自己的能力。这句话包含三个关键方面：

- **组织需求**。搭建任职资格体系的出发点应该是满足公司的发展需要，这样就可以避免员工自己花了很大精力提升的能力与公司需要的能力不同的问题。
- **方向和标准**。在第一个方面的基础上，任职资格体系可以使员工清楚自己该发展哪些能力，而且明白自己需要提升到什么程度。
- **规范、高效、主动**。有了方向和标准，员工的成长就可以更加规范、更加高效了，可以摆脱散点式的自我发展。另外，任职资格体系的配套机制也可以大大提升员工的主动性。

人才越来越成为企业发展的原动力

以前外部竞争没有那么激烈的时候，企业的发展靠的是业务驱动，人才只起到辅助作用。大多数时候，只有当人才实在没有办法支撑业务发展时，公司才会在人才方面花费一些精力。此时的人才其实被看作成本（这是很多公司的人力资源管理部门叫作人事部或者人事行政部的主要原因），企业在人才管理方面的显著特征是尽量控制成本，用最少的成本做最多的事。

后来随着外部竞争的加剧，企业发现人才一旦发挥主观能动性，就可以给公司创造更大的价值。这时候人才被看作资源，资源的特点是"消耗自己、助推别人"（就像煤炭、森林、矿产等资源一样），资源一旦被消耗就没有了（这个阶段很多公司的人力资源管理部门开始叫人力资源部）。这时候企业在人才管理方面的显著特征是找有能力的人，尽量发挥他们的才能，从而推动业务目标的实现。

激烈的竞争、持续创新的强烈需求让企业逐渐意识到"躺平"很难。以前，企业如果拥有一款明星产品，就能统治市场很长时间；而现在，企业需要不断创新，不断迭代产品，这样才有可能被客户认可。这背后靠的是不断成长的人才，这时候人才被看作资本（这个阶段很多公司的人力资源管理部门开始叫人力资本部、人力运营部、人才发展中心等），资本通过运作可以增值，增值之后可以为公司创造更大的价值。这时候企业在人才管理方面的核心特征是通过持续引导或培养来提升人才的能力，通过人才来推动甚至引领业务发展。

任职资格体系与职级晋升体系

　　市场上，与职级晋升和任职资格相关的体系实际上有两个名称：职级晋升体系和任职资格体系。从体系化的角度看，这两个体系的框架基本是一致的，都包含职位序列、职级晋升通道、任职资格标准、认证评价等相关内容。那么这两个体系有什么不同呢？

关于职级晋升体系

　　前文讲了国内任职资格体系的来源，这里简单讲一下职级晋升体系的来源。职级晋升体系与薪酬激励体系是息息相关的。

　　传统的薪酬激励体系是基于岗位职责设计的，但是岗位职责仅仅包含一个岗位所要完成的基本工作，因此每个岗位对应一个薪酬带宽（范围）。随着外部竞争的白热化，企业越来越需要有能力的员工来打破岗位职责的边界，发挥自身的最大潜能，从而为公司创造更多的价值。薪酬带宽此时就不能满足那些能力比较强且能在一个岗位上为公司做出更大贡献的员工的需求了，这时候就出现了职级晋升通道。职级晋升通道最开始是作为薪酬激励体系的"附件"而存在的，大部分企业搭建职级晋升通道的目的是为专业类员工的薪酬提升打开空间。职级晋升通道要想落地，就需要有配套的职级晋升标准和评价方法，因此企业逐步形成了职级晋升体系。

两者的侧重点不同

通过前面的内容我们可以看到，职级晋升体系的核心是职级晋升通道，企业搭建职级晋升体系的主要目的是给员工提供更多的发展空间，晋升标准（相当于任职资格）是辅助性的。在实际操作中，大部分以职级晋升体系为核心的公司，其晋升标准要么相对刚性（比如以工龄、绩效等为晋升依据），要么相对模糊。而任职资格体系的核心是任职资格标准，企业搭建任职资格体系的主要目的是给员工提供一个发展（成长）标准，此时职级晋升通道是辅助性的，且任职资格标准相对更复杂。

尽管两者的侧重点不同，但是近年来随着企业对人才发展的重视，两者的内容逐渐走向一致。

虽然本书以任职资格体系为主，但从体系搭建的角度看，本书既适合那些想搭建任职资格体系的企业，也适合那些想搭建职级晋升体系的企业。

我们身边的任职资格体系

跳出企业管理视角来观察我们的周围，其实你会发现任职资格体系（或者职级晋升体系）在生活中比比皆是，这里简单举几个例子。

会员卡

现在很多消费类组织都会建立会员制，并为会员设置一定的级别和晋升条件，不同级别的会员在消费时可获得的优惠不同。比如华住酒店制订了华住会会员计划，将会员分为铂金、金、银、星四个级别，每个级别的会员在住酒店时享受的折扣是不同的，这其实就是任职资格体系的一种应用方式。

游戏

喜欢玩游戏的人都知道，大部分游戏都设定了角色等级。随着游戏的深入，角色完成一定的任务或者经验累积到一定程度，其等级就可以提升。等级提升之后，玩家可以解锁更多的功能，从而拥有更好的游戏体验，这也是任职资格体系的一种应用方式。

现代军队

图1-3是全国人民代表大会常务委员会决定于2022年3月31日起施行的中国人民解放军现役士兵衔级制度。

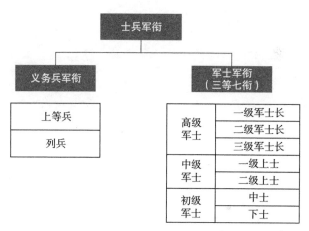

图1-3　中国人民解放军现役士兵衔级制度

同时该制度规定：

- 军衔高的士兵与军衔低的士兵，军衔高的为上级。军衔高的士兵在职务上隶属于军衔低的士兵的，职务高的为上级。
- 士兵军衔的授予、晋升，以本人任职岗位、德才表现和服役贡献为依据。

因此，士兵的军衔制度也是任职资格体系的一种应用方式。

第 2 章

全面任职资格体系

上一章介绍了任职资格体系及其核心价值，这是模块管理视角的狭义任职资格体系。本章站在整个企业人力资源管理的视角来介绍一个不仅能牵引人才发展，还能推动组织发展的全面任职资格体系。

可以用在更多方面的任职资格体系

前文提到的任职资格体系，在应用方面相对简单，主要集中在对评价结果的应用上。但是进一步分析我们会发现，任职资格体系的各个模块都可以同其他管理机制结合，从而发挥更大的作用。

任职资格体系与薪酬激励体系

职级晋升之后的薪酬福利调整是员工最关注的事情，因此职级跟薪酬关联是任职资格体系发挥价值的关键动力。同时有了任职资格体系，员工也有了更多的薪酬调整空间，公司就可以更好地激励和留住优秀员工。

任职资格体系与绩效管理体系

绩效管理体系与任职资格体系是两个相互补充又相互影响的体系。绩效管理体系主要针对的是工作结果，工作结果是短期的；任职资格体系主要针对的是员工能力，员工能力是长期的。

公司只有既关注短期又关注长期，才能发挥最大的管理价值。

任职资格体系与人才招聘

任职资格体系既然可以用来评价在职员工，同样可以用来评价面试人员。企业将任职资格体系用于人才招聘，可以更加精准地招募到想要的人才。

任职资格体系与人才盘点

人才盘点的核心是建立人才标准，任职资格体系的核心是任职资格标准。任职资格标准属于人才标准的一种，因此任职资格体系是可以用来做人才盘点的。基于任职资格体系，企业可以进行更精细的人才盘点，形成精细化的人才地图。

任职资格体系与人才管理

对企业来说，合理的人才结构可以带来更大的组织效能，人才管理工作的核心之一就是为公司搭建合理的人才结构。任职资格体系中的职级代表着人才能力的高低，企业可以基于此进行人才结构规划。

任职资格体系与学习地图

任职资格标准的背后其实是企业对员工能力的精细化要

求，因此，基于这些标准，企业可以构建更加符合自身发展需求和更加精细化的学习地图。

任职资格体系与IDP

学习地图属于公司主导的针对人才的"集体培养"，而IDP（个人发展计划）是基于个人特点的针对性培养。基于任职资格体系，员工自己或员工的上级可以为员工制订更符合其需求的发展计划。

任职资格体系与干部管理

干部管理的重要性被越来越多的公司认可，干部管理的主要内容包括干部标准、干部任用与盘点、干部能力发展、干部梯队建设等。任职资格体系中的任职资格标准和职级晋升通道可以在干部管理的这些方面发挥重要作用。

我们可以看到，以上八个方面几乎涵盖了企业人力资源管理的所有方面。因此，企业以任职资格体系为核心，可以更好地提升组织能力。

全面任职资格体系的"1+1"模型

基于笔者多年的实践经验,从最大化发挥任职资格体系价值的角度出发,本书提出了"全面任职资格体系"的概念,同时构建了全面任职资格体系的"1+1"模型(见图2-1)。

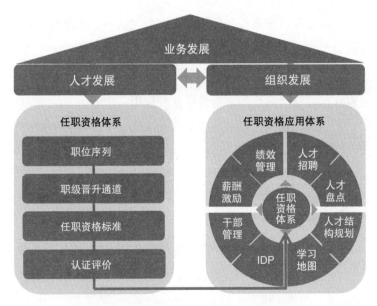

图2-1 全面任职资格体系的"1+1"模型

该模型将全面任职资格体系分为两个子体系：

- **任职资格体系**：包含上一章所说的任职资格体系的大部分内容（结果应用部分归入任职资格应用体系），任职资格体系的核心价值是牵引人才发展。
- **任职资格应用体系**：将任职资格体系的各个模块应用到人力资源管理的各项机制中，以任职资格体系为核心提升组织能力，促进组织发展。

全面任职资格体系有以下四个特征。

特征一：全面

全面任职资格体系中的"全面"主要有两层含义：

- **内容全面**：整个体系不仅包含完整的任职资格管理机制闭环，还包含如何围绕任职资格体系提升组织能力。
- **价值全面**：任职资格体系中的每个模块都可以在人力资源管理上发挥作用，而且几乎可以在企业管理的所有方面都发挥作用。

另外，从帮助企业搭建体系的角度看，本书内容非常全面，不仅介绍了基础理论，还详细讲解了每个步骤的设计方法，以及在具体设计过程中企业可能遇到的问题的解决办法。

特征二：以牵引人才发展为核心出发点

前文讲过，人才越来越成为企业发展的原动力，全面任职资格体系在人才发展方面的作用体现在两个方面：

- 从员工的角度看：职级晋升通道为人才提供了向上发展的空间，任职资格标准为员工提供了努力的方向，认证评价为员工提供了向上发展的程序，评价结果在薪酬方面的应用为员工提供了按照任职资格标准提升自己的动力。
- 从公司的角度看：任职资格标准为公司提供了人才培养内容，依照任职资格标准进行人才培养，公司可以打造更符合自身发展需求的人才。

特征三：以提升组织能力为关键价值

人才发展是员工个体的发展，相对于人才发展，组织发展才是公司更需要的。全面任职资格体系的关键价值是通过牵引人才的发展，推动组织发展。全面任职资格体系在组织层面的主要作用是提升组织能力。

- 人才发展本身就可以推动组织能力的提升。
- 全面任职资格体系可以作为一条主线，将人力资源管理机制更好地串联起来，更系统地发挥整体效果。传统组织管理的基础是岗位职责，企业通过岗位职责将各个模块关联起来，但是由于岗位职责本身的约束力比较弱，大部分模块之间是弱关联。这也是很多公司各个模块的管理机制都比较健全，但是整体组织能力却比较弱的关键原因。

特征四：以支持甚至引领业务发展为最终目的

人才发展和组织能力提升最终给企业带来的是业务发展，这主要体现在两方面：

- 任职资格标准主要来自业务发展需求，因此人才发展本身就可以直接支持业务发展，通过全面任职资格体系培养起来的高质量人才甚至可以引领企业业务的发展。
- 企业建立各项机制的目的是支持、促进业务的发展，如果各机制之间能实现强关联，企业就可以最大程度发挥这种支持、促进作用。

第 3 章

任职资格体系设计：牵引人才发展

从实操落地的视角详细介绍全面任职资格体系中的第一个"1"，内容包括任职资格体系中的各个模块如何设计，以及设计过程中企业可能遇到的各种问题和相应的解决方法。

职位序列：序列管理而不是岗位管理

职类、职族、序列这些概念对于大多数企业来说并不陌生，它们都是用来划分职位类别的，我们把它们统称为职位序列。企业即使没有刻意搭建任职资格体系，也会在实际管理中无意识地进行职位序列划分。但是我们发现，一些企业的职位序列划分实际上是错误的，那么职位序列该如何划分，职位序列划分对企业的管理有哪些作用？

什么是职位序列

职位序列的含义

我们来给职位序列下个简单的定义：职位序列是指一系列主要特征相似的岗位的集合。这里的"相似"主要包含两个方面：

- 同一序列内所有岗位的职能定位是相同的。比如，销售序列的职能定位是将产品销售给客户，人力资源序列的职能定位是做好人才的"选、用、育、留"等相关工作。

- 同一序列内所有岗位应具备的核心知识或技能基本相同（对知识或技能的掌握程度不一定相同）。

职位序列与岗位

从定义上看，职位序列代表的是一类岗位（必要情况下可以将单个岗位划分为一个序列）。既然每个企业的组织架构都会详细划分到岗位，而岗位是比职位序列更精细的分类，那么企业为什么还要划分职位序列呢？

结合任职资格标准，我们来简单分析一下序列管理相较岗位管理的优势：

- 序列管理可以实现对员工的分类管理和培养，而岗位管理是对单个岗位的员工进行管理和培养，因此序列管理的效率更高。
- 序列管理有利于培养综合型员工，同时提高团队协作的效率。因为高级别员工若想晋升，通常需要具备同序列内其他岗位的知识和技能（知识宽度），这样公司就可以培养更多的综合型员工。同时员工在掌握其他岗位的知识和技能后，在合作时更容易理解他人，从而减少误解和摩擦。
- 序列管理有利于管理者进行工作调配。因为职位序列在一定程度上模糊了岗位之间的职责边界，培养的是员工的底层能力，这有利于管理者根据工作需要对内部员工进行工作调配。

- 职位序列相对于岗位更稳定。岗位的设置可能会因为工作职责在不同岗位之间的调配或者组织架构的变化而变化，但是职位序列是对岗位的归类，工作职责的变化通常不会超出职位序列的范围，因此只要公司的业务或组织架构不发生大的变化，职位序列通常不需要变动。

这就是序列管理现在越来越流行的原因。从组织架构与岗位管理的变化趋势看，未来企业在设置岗位时会越来越倾向于设置综合型岗位，而不是精细化岗位。比如，很多公司的人力资源部门不再设置薪酬管理岗、绩效管理岗、招聘岗等细分岗位，而是仅设置人力资源岗一个岗位，在实际运作中，管理者可以根据需要随时调配下属的工作内容，这背后的管理逻辑同序列管理的逻辑是一致的。

如何划分职位序列

职位序列的层次

与职位序列相关的概念很多，包括职类、职族、序列等，它们之间有什么区别呢？

实际上，它们代表的是职位序列的层次，常见的职位序列层次如图3-1所示。不同层次的职位序列，其岗位相似程度是不同的。一般来说，职类代表的是较粗的职位序列划分，序列代表的是相对精细的划分，职族处于职类和序列之间，序列还可以进一步划分为子序列、孙序列等。相似度最高的职位序列划分方式是一个岗位一个序列。从实际应用的角度看，大部分公司划分到序列级别即可。

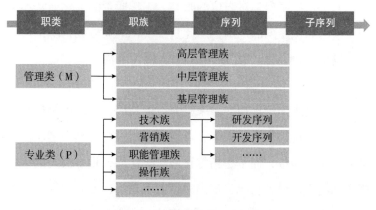

图3-1 常见的职位序列层次

那么，不同层次的职位序列又是如何划分的呢？

职类的划分

职类是岗位相似度最低的层次，职类的划分相对简单，常见的划分方式是将所有岗位分为两类：管理类和非管理类。管理类即通过领导或者指导他人来实现组织目标的岗位（也被称为M类，有些公司叫L类）。非管理类即依靠专业知识和技能，通过个人努力或者同他人合作来达成组织目标的岗位，非管理类被很多公司叫作专业类（也被称为P类）。一些生产制造型、服务型企业还会把以流程操作为主、不需要太多专业知识和技能的一线操作岗位从非管理类中区分出来，称其为操作类（也被称为O类）。某家生产制造企业的职类划分如图3-2所示。

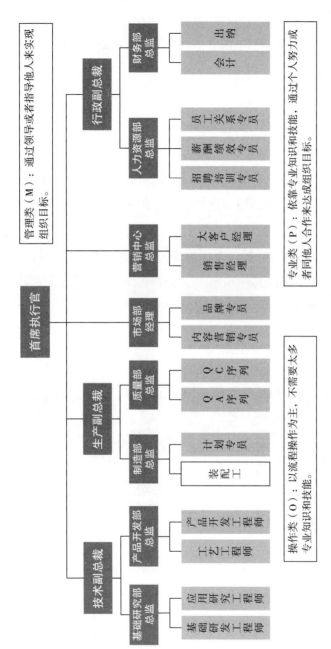

图3-2 某企业的职类划分

管理类（M）：通过领导或者指导其他人来实现组织目标。

专业类（P）：依靠专业知识和技能，通过个人努力或者同他人合作来达成组织目标。

操作类（O）：以流程操作为主，不需要太多专业知识和技能。

职类的划分并没有统一的要求，不同公司可以根据自己的实际情况或需求进行个性化划分。为了方便叙述，本书后文所说的职类主要包括两类：管理类（M）和专业类（P）。

"四步法"划分职族与序列

划分职族和序列的核心在于价值链拆解以及知识（技能）、职能定位分析。如图3-3所示，企业在实际操作时可以通过以下四个步骤划分职族与序列：第一步，分析一级价值链，形成职族；第二步，分析二级价值链，初步形成职位序列；第三步，梳理岗位并归类；第四步，分析各岗位的职能定位和知识（技能）要求，形成最终的职位序列。

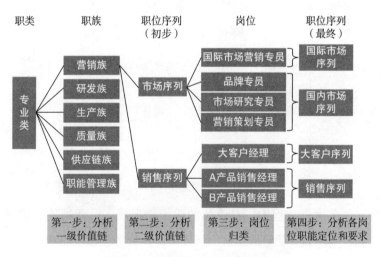

图3-3 "四步法"划分职族与序列

第一步：分析一级价值链

一级价值链也是公司级的价值链，该价值链上的节点可以作为职族划分的依据。

（1）专业类的职族划分

针对专业类岗位，大部分公司通用的一级价值链如图3-4所示。企业需要通过营销活动发现需求并销售产品，通过研发流程开发产品，通过生产环节制造产品，通过质量管理程序保证产品质量，通过供应链将产品送到客户手中，通过客户服务处理客户反馈，最后通过行政、信息技术、人力、财务等职能岗位保证上述流程的高效运行。

图3-4 一级（公司级）价值链

在这个过程中，专业类的职族就形成了：营销族、研发族、生产族、质量族、供应链族、客户服务族、职能管理族。

这里要说明的是，职族的划分没有唯一定式，上述职族划分只是个例，不同公司根据实际情况所划分的职族可能是不同的。比如，有些公司认为支持职能中的每个类别都很关键，因此将每个支持职能单独列为一族；有些公司认为生产只是供应链上的一个环节，所以将生产放入供应链族。一个简单的划分标准是：判断某个职能或流程是否为公司一级价值链上的关键节点。

（2）管理类的职族划分

管理类的一级价值链是：确定公司战略，制定相应的策略，带领团队执行。基于这个价值链，管理类的职族划分如表3-1所示（根据需要，公司可以划分更多的层级）。

表3-1　管理类的一级价值链及职族划分

核心价值链（流程）	定战略	定策略	带领团队执行
职能定位	确定公司方向	基于公司战略，制订各业务的具体计划	带领团队完成计划
职族划分	高层管理族	中层管理族	基层管理族

这里要说明的是，管理类的一级价值链可以采用专业类一级价值链的划分方式（按职能划分为营销、研发、生产等职族），但是为了强调管理职能，一般建议公司采用高层管理族、中层管理族、基层管理族的划分方式。

另外，通常情况下管理类各职族内部的任职资格标准基本是相同的（后文任职资格标准提取部分会详细说明原因），因此以上管理类的职族划分也是对管理序列的划分，后文将不再对管理类内部的序列划分进行说明。

第二步：分析二级价值链

第二步是在一级价值链的基础上进行二级价值链分解。二级价值链上的节点可以用于对各职族内的职位序列进行初步划分，我们以常见的职族为例进行分析（以下内容仅供参考）。

营销族：一般来说，营销族内部的二级价值链顺序是先进行市场开发与宣传，然后进行产品销售，这样企业就可以在营销族内部初步划分出两个序列——市场序列和销售序列。

研发族：一般来说，研发族内部的二级价值链顺序是先进行核心技术的基础研发，之后基于核心技术进行产品开发，这样企业就可以在研发族内部初步划分出两个序列——基础研发序列和产品开发序列。

生产族：一般来说，生产族内部的二级价值链顺序是，工艺人员将研发出来的产品转化为可复制的工艺，计划人员制订生产计划，一线操作工人进行生产，这样企业就可以在生产族内部初步划分出三个序列——工艺序列、计划序列和操作序列。

质量族：一般来说，质量族内部的二级价值链顺序是先建立质量标准，之后在此基础上进行质量检查，这样企业就可以在质量族内部初步划分出两个序列——QA序列和QC序列。

供应链族：一般来说，供应链族内部的二级价值链顺序是，采购人员采购原材料，生产人员进行生产，之后物流人员将产品送到客户手中，这样企业就可以在供应链族内部初步划分出两个序列——采购序列和物流序列。

客户服务族：一般来说，客户服务族内部的二级价值链包括销售支持人员为销售部门提供支持，售后服务人员为客户解决产品使用方面的问题，这样企业就可以在客户服务族内部初步划分出两个序列——销售支持序列和客服序列。

职能管理族：一般来说，职能管理族内部的二级价值链是指不同职能为公司的核心业务提供人力、法务、行政、信息技术等方面的支持，这样企业就可以在职能管理族内部初步划分出四个序列——人力资源序列、法务序列、行政序列、信息技术序列。

第三步：岗位归类

初步划分各层级的职位序列后，接下来企业需要根据部门情况和岗位职责，将所有岗位归入相应序列。

根据以往咨询案例的经验，当进行到这一步时，我发现很多公司的岗位设置不规范，从而导致岗位的归类不准确，主要表现有：

- **职位名称混乱**。有些公司存在大量包含"主管""经理"称呼的岗位，这些岗位有些是带团队的，有些是不带团队的，但是公司没有明确哪些是管理岗位，哪些是非管理岗位。
- **混用职级**。有些公司的组织架构中有高级岗位（比如高级工程师）、资深岗位（比如资深工程师）等职级，但这些岗位是为了给予某些员工高级别头衔而设置的，不是常设岗位。人员一旦发生变化，组织架构就要随之调整。
- **岗位职责混乱**。有些公司存在岗位职责不清晰的情况，员工说不清自己的核心工作职责是什么，主要根据经验或者上级的安排行事，工作被动而且效率低。

针对以上问题，我建议企业在进行岗位归类之前，参考以下三点对岗位进行规范化梳理。

（1）区分管理岗位和非管理岗位

对管理岗位和非管理岗位进行区分至关重要，因为两者的任职资格标准差别很大。在实际操作时，要么非管理岗位的员工不使用管理抬头，要么这两类岗位在叫法上有区分，比如"研发部经理""开发组主管"是管理岗位，而"研发经理""研发主管"是非管理岗位。

（2）梳理标准岗位

标准岗位和职级岗位经常被混用。标准岗位是基于工作需要设置的，一般比较稳定，不因人而变，公司组织架构上一般显示的都是标准岗位。职级岗位是基于人的能力设置的，如果某个级别没有合适的人选，企业就可以暂时不设置这个职级岗位。比如，"研发工程师"是标准岗位，而"初级研发工程师"、"中级研发工程师"是职级岗位。

设置标准岗位是企业管理的基础。在进行序列划分时，企业一般用的都是标准岗位，企业常用的标准岗位可参考表3-2。

表3-2　企业常用的标准岗位（示例）

类别		岗位名称
技术类	研发	产品工程师、设计工程师、试验工程师、研发工程师
	生产	工艺工程师、设备工程师、环安工程师、工业工程师
	质量	质量工程师、体系工程师
	信息技术	测试工程师、硬件工程师、软件工程师、应用工程师
	其他	售后工程师、土建工程师、安装工程师

类别		岗位名称
专业类	采购贸易	采购专员、进出口专员、物流专员
	人力资源	招聘专员、培训专员、薪酬专员、绩效专员、人事专员
	财务审计	预算专员、财务专员、财务分析专员、会计、出纳、审计专员
	计划统计	计划管理专员、统计分析专员、订单管理员、统计分析员
	行政	法务专员、行政秘书、行政接待专员、后勤管理员
	企划	品牌专员、市场分析专员、企划专员
营销类	销售	客户经理、销售经理、销售代表
操作类	生产	喷漆工、冲压工、装配工、操作工、焊接工、辅助工
	仓储物流	仓管员、配送员、备货员、搬运工
	后勤	保洁员、保安、后勤维修工、小车司机、叉车司机

（3）明确岗位职责

明确岗位职责非常关键，岗位职责不仅是企业判断岗位所属序列的依据，还是企业提取任职资格标准的主要依据。但是这并不意味着每个岗位都一定要有传统的岗位职责说明书，传统的岗位职责说明书包含很多内容，比如岗位信息、工作职责、时间分配、任职资格要求、考核标准等。即使很多公司都有岗位职责说明书，部分员工仍然说不清楚自己的工作职责是什么，有些公司的岗位职责说明书反而成为员工拒绝某些工作的借口。另外，岗位职责说明书不及时更新也会逐渐沦为摆设。

岗位职责管理的新趋势是简化岗位职责说明书的内容，比如现在很多公司的岗位职责说明书只有不超过10条的核心内容。这样的岗位职责说明书既界定了关键职责，有利于员工理解，同时具有可扩展性，便于动态管理。

第四步：分析各岗位职能定位和要求

这一步首先进行的是职能定位分析，这里的职能定位是指岗位所发挥的功能。一般情况下，划分序列所用的价值链节点就代表着职能定位。

以上文的营销族为例，营销族内部划分序列所用的价值链节点包括市场开发与宣传、产品销售，这就是市场序列和销售序列的职能定位。从这个职能定位出发，我们会发现市场序列中的国际市场营销专员、品牌专员（国内）、营销策划专员（国内）的定位是一致的，销售序列中不同产品对应的销售经理、大客户经理的定位是一致的。但是两个序列中的部门助理的职能定位是承担部门的行政类工作，这跟以上几个岗位的职能定位都不同，因此部门助理不属于以上序列（部门助理一般属于行政序列）。

在职能定位分析的基础上，企业可以进一步分析同一序列内各岗位应具备的核心知识（技能）。仍以上文的营销族为例，在第二步划分出的市场序列中，三个岗位的主要工作内容以及通过分析岗位职责所获得的各岗位的核心知识（技能）见表3-3。

表3–3 **市场序列各岗位的工作内容和核心知识（技能）**

岗位	工作内容	核心知识（技能）
国际市场营销专员	▪ 定期对所在国进行市场分析，制定营销策略 ▪ 寻找当地代理商，并对代理商进行管理 ▪ 与代理商及终端客户保持沟通，了解反馈信息 ▪ 与代理商一起策划市场活动，开拓当地市场 ▪ 研究所在国竞争品牌的策略，为产品的开发提供信息	▪ 外语能力 ▪ 代理商管理能力 ▪ 谈判能力 ▪ 数据分析
品牌专员	▪ 协助制定品牌战略，制定年度品牌推广策略及媒体宣传策略 ▪ 开展公司品牌形象设计和策划工作 ▪ 进行内部媒体宣传，强化内部员工的品牌意识 ▪ 策划及组织公司整体层面的大型品牌宣传活动 ▪ 进行公司危机事件的公关处理 ▪ 定期核查、调整及优化品牌信息	▪ 品牌战略 ▪ 品牌建设 ▪ 数据分析 ▪ 内容制作 ▪ 危机公关
营销策划专员	▪ 运营现有微信公众号，开发自主网络媒介平台并运作和维护 ▪ 与潜在的第三方媒体、平台、品牌开展多元化的活动和传播合作 ▪ 监控、研究竞争品牌的营销策略 ▪ 制作各类创意营销内容 ▪ 对公司各类营销数据进行交叉分析 ▪ 制定会员等级和积分规则，管理会员营销平台，监测会员等级的升级以及积分使用情况	▪ 线上营销 ▪ 线上活动策划 ▪ 内容制作 ▪ 数据分析 ▪ 会员管理

　　各岗位所需的核心知识（技能）有相当一部分是不同的，进一步分析我们会发现：

- 国际市场营销专员的外语能力、代理商管理能力、谈判能力不是其他两个岗位需要的，这个岗位应重新划分序列。
- 品牌专员的品牌战略、品牌建设、危机公关技能和营销策划专员的线上营销、线上活动策划、会员管理技能都是其做好自身工作需要掌握的（只是掌握程度不同）。

通过以上分析我们可以得出，国际市场营销专员需要单独划入一个序列，而品牌专员和营销策划专员可以归入一个序列。

同样的，大客户经理的主要工作内容是为重点客户提供日常支持（几乎不需要做销售工作），而A产品销售经理、B产品销售经理的主要工作内容是把A产品和B产品销售给客户，因此A产品销售经理、B产品销售经理可以归入一个序列，大客户经理需要单独划入一个序列。

序列描述

如表3-4所示，序列描述即对序列的含义、工作内容进行总结说明。序列描述有两个作用：一是可以让使用者快速明白各序列的含义；二是可以为新岗位的序列归属提供参考。

表 3-4　序列描述（示例）

职类	职类描述	职族	职族描述	序列	序列描述
管理类（M）	通过领导或者指导他人来实现组织目标	高层管理族	领导和监控公司整体业务，和经营目标的制定和管理，和领域目标负责		某项重要业务或多项业务的运作，参与公司愿景、战略、文化和战略目标的制定和管理，对公司整体或某个业务或领域整体目标和经营目标负责；领导并推动公司业务与管理的实现，竞争地位的提升和可持续发展负责
		中层管理族	管理某业务领域或业务单元，同时与其他业务领域或业务单元协作		管理业务领域或业务单元，制定业务领域或业务单元的战略、方针；保证战略一致性；与其他业务领域或业务单元协作；为既定业务领域或业务单元的长期有效运作负责
		基层管理族	监督基层员工或低级别管理者，同时参与具体业务的运作		监督基层员工或低级别管理者，对下属的工作进行日常监督以保证团队正常运作和实现业务目标，同时参与具体业务的运作
专业类（P）	依靠专业知识和技能，通过个人努力或者同他人合作来达成组织目标	营销族	通过品牌宣传，分析客户习惯等方式了解并匹配客户需求	国际市场序列	与当地经销商或经销平台合作，完成产品的国际销售
				国内市场序列	通过各种方式研究国内客户的需求，拉近产品与消费者的心理距离
				大客户序列	与公司关键客户保持日常沟通并提供支持，以提升大客户的满意度，保证长期合作
				销售序列	根据公司销售任务开展销售工作，完成各项销售指标

职类	职类描述	职族	职族描述	序列	序列描述
专业类（P）	依靠专业知识和技能，通过个人努力或者同他人合作来达成组织目标	研发族	以满足客户和市场需求为目标，致力于产品或技术创新	基础研发序列	对公司所在领域进行创新，研发新的产品或技术
				产品开发序列	为研发设计主流程提供专业的支持平台
		质量族	建立质量标准进行质量检查，保证产品质量	QA序列	建立质量标准并对其进行维护和改善，预防、解决日常质量问题
				QC序列	对原料入厂、生产过程、产品出厂等流程进行检查，以保证产品符合质量要求
		生产族	通过整合"人、机、料、法、环"等各方面资源，保质保量且高效率地完成订单	操作序列	按照工艺标准操作相关设备、工具、仪器、完成产品的制造
				工艺序列	通过编制技术要求、作业指导书以及对员工进行培训、现场指导，完善质量水平、优化工艺流程，降低生产成本
				计划序列	平衡"人、机、料、法、环"等因素，制订生产计划并在实施中协调、沟通、整合资源

职类	职类描述	职族	职族描述	序列	序列描述
专业类（P）	依靠专业知识和技能，通过个人努力或者同他人合作达成组织目标	供应链族	采购原材料，保证生产，将产品提供给客户	采购序列	采购生产材料，满足生产需要
				物流序列	对产品运输进行规划、控制、高效、低成本地将产品配送给客户
		客户服务族	对内为销售部门提供支持，对外解决产品售后问题	销售支持序列	配合销售团队做好后台支持工作，汇总销售数据并进行订单管理
				客服序列	接听客户电话，进行客户回访，解决客户问题，提升客户满意度
		职能管理族	为公司前端和后端人员提供人力、技术等方面的支持和服务	人力资源序列	运用现代化的科学方法，建立人才供应链，对公司的人力资源进行开发、组织和调配，充分发挥人的主观能动性，使人尽其才，从而高效实现组织目标
				行政序列	为员工提供办公服务，提高员工对办公环境和工作氛围的满意度
				法务序列	为公司各单位提供保障业务自由度和预防风险的法律服务，以确保各单位零风险运作
				信息技术序列	提供信息技术服务，包括网络、服务器硬件、操作系统、办公应用软件等方面

职位序列划分中常见的问题

职位序列与部门等同吗

职位序列中包含多个特征相似的岗位，而公司组织架构中的部门也包含多个特征相似的岗位，那么部门和职位序列是什么关系呢？

很多公司在划分职位序列时直接以部门为参照，这是不对的。实际上，从最终结果看，职位序列和部门的相似程度确实非常高，这是因为两者的核心逻辑基本一致，都是对公司的价值链进行拆解。但是职位序列和部门并不完全等同，因为两者的目的不一样。

划分部门的目的是促使一群人完成一类工作，所以部门里面既有负责核心工作的岗位，也有为核心工作提供辅助或者支持的岗位，比如研发部门可能会设置文档管理专员，销售部门可能会设置跟单员。划分职位序列的目的是对岗位进行分类管理，这就要求同一序列内所有岗位的特征基本是相同的，所以研发部门的文档管理专员不属于研发序列，销售部门的跟单员也不属于销售序列。

另外，从管理的角度看，只要公司的业务内容和逻辑不发生大的变化，职位序列通常是比较稳定的，而部门可能会因为公司管理模式改变、业务重新划分、管理人员能力提升等而发生变动。

职位序列各层次有统一的名称吗

在划分序列时，前文用了"职类、职族和序列"等名称。你可能会注意到，很多公司对不同层次职位序列的叫法是不同的，比如有些公司把第一层叫作职族，把第二层叫作职类，还有一些公司会用"簇""系列"等叫法。那么职位序列各层次有统一的名称吗?

实际上，业界并没有统一的名称，通过职位序列进行管理的关键在于理解序列管理的内涵，名称只是辅助性的，不同公司可以根据自己的习惯选择合适的叫法。

班组长属于管理序列吗

企业中的班组长一般有两类：一类是生产部门的一线班组长，另一类是专业部门的团队负责人。

班组长是否属于管理序列跟公司对班组长的定位相关。如果公司认为班组长的管理职能比较重要，班组长就应该归入管理序列；如果公司认为班组长的专业类工作较多，班组长就不属于管理序列。在实际操作中，大部分生产型企业的一线班组长不属于管理序列，而专业部门的班组长属于管理序列。

职位序列应划分到什么程度

职位序列的层次可以分为职类、职族、序列、子序列，甚至更细的程度。那么对于企业来说，职位序列划分到什么程度是合适的呢？

一家企业的职位序列需要划分到什么程度，与该企业的应用场景相关。企业应用职位序列的场景主要分为三类。

场景一：企业仅需要为员工建立职业发展通道（可能配套宽泛描述的任职资格标准）。在这种情况下，企业只需要划分到职类或者职族就可以了，因为同一职族的发展通道基本是相同的，同一职类的发展通道也可以是相同的。

场景二：企业想建立以工龄（司龄）、培训情况、绩效等为核心的任职资格标准，这时候企业只需要划分到职类就可以了，因为同一职类的任职资格标准基本是相同的。

场景三：企业想建立以员工能力为核心的任职资格标准，这时候企业至少要划分到序列级别，因为此时不同序列的任职资格标准是不同的。

职级晋升通道：员工的职业生涯管理

职级晋升通道也叫职级发展通道或职业发展通道，是员工在公司的职业发展阶梯。职级晋升通道包括两部分：职级设计和发展通道设计。

职级设计：员工向上发展的"台阶"

职级即职位的级别，职级设计的核心是解决两个问题：确定职级数量与职级名称。

职级数量

在确定职级数量时，公司既要考虑业务发展的需要，也要考虑员工的个人发展诉求以及人才成长规律。

专业类的职级数量

研究显示，员工在职业生涯中的专业能力提升大致会经历五个阶段。

初学者：员工刚刚踏入职场，工作时间不长（0~2年），需要从头开始学习职场技能，并且需要他人带教，只能处理一些简单的辅助性工作。

有经验者：员工有了一定的工作经验（3~5年），已经基本适应了职场规则，掌握了某方面较为专业的技能，可以按既定的操作方法独立完成某方面的工作。

骨干：员工有了较丰富的工作经验（6~8年），很熟悉职场中的各种规则，掌握了某方面非常专业的技能，可以独立策划和执行某方面的工作。

专家：员工在某一领域具有深厚、广泛的经验（9~15年），精通某一领域的知识和技能并且能够领导某一专业领域，或者员工是某个专业领域的骨干力量和关键贡献者，能够解决专业领域内复杂的、重大的问题，能够通过改革现有的程序和方法来提升系统工作效率。

权威：员工已经成为公司内外公认的权威人士（15年以上），洞悉某领域发展趋势，具备战略性指导思想，能够提出影响公司发展方向与决策的建设性意见。

因此，专业通道的职级数量通常为5个，公司在实际操作时可以根据不同岗位的专业深度增加或者减少职级数量。一般来说，技术性非常强的序列可以设置较多职级，比如研发序列、信息技术序列通常可以设置6个级别或者更多。专业性要求较低的岗位可以设置较少职级，比如操作序列通常仅需要3个级别，甚至2个级别。

管理类的职级数量

前文讲过，管理类根据管理层级可以划分为基层管理族、中层管理族和高层管理族，这也是管理人员向上发展的职级。在设计职级时，公司可以根据这三个管理层级的核心职能，将其分别称为：监督者（基层管理者）、管理者（中层管理者）、领导者（高层管理者）。企业可以视情况增加或者减少管理类的职级数量。一般来说，员工只有在专业通道上发展到第二级别甚至更高级别才可能转入管理通道。

职级的变化一般代表的是能力的变化，或者说能力发生了质的提升。总之，职级晋升相对较难，很多公司为了增强员工的"晋升感"，将上文划分的职级视为大职级，之后在大职级内部设置小职级，同一大职级内的小职级变化代表的是一定程度的能力变化。一个大职级内部一般会设置2～4个小职级。例如，华为公司的小职级分为四个级别：职业等、普通等、基础等、预备等；腾讯公司的小职级分为三个级别：职业等、普通等、基础等。

小职级的划分不是硬性要求，这应匹配公司的管理需要。一般来说，快速发展的公司出于吸引人才和保留人才的需要，倾向于在大职级内部设置小职级。通用的职级设置如图3-5所示。

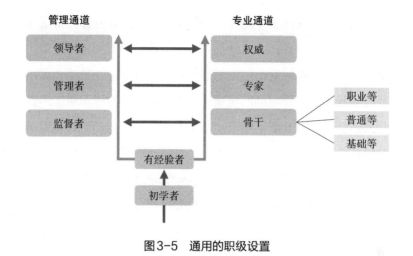

图3-5 通用的职级设置

职级名称

在进行职级设计时，职级名称（也叫职衔）是很多公司（员工）关心的问题。目前市场上有两种职级名称设计方法。

中文名称法

中文名称法是指不同的职级采用不同的中文名称。在具体设计时，常用的中文名称设计方法分为两类：第一类是专业名称和管理名称统一，比如专业类员工的职级名称包括"初级、专员、主管、高级主管、经理、高级经理"，这里的"主管"和"经理"也是管理类员工的职级名称；第二类是专业名称和管理名称分开，专业类员工的职级名称包括"初级、高级、资深、专家、高级专家、首席专家"等，专业类员工不使用管理类职级名称。

第一类通常比较适合传统的制造型企业或者有较强等级观念的公司。这种设计方法的优点是，企业可以明确告知专业类员工，在能力提升后，即使不能晋升到管理岗位，员工也可以晋升到与管理人员相同的级别，从而满足一些专业类员工不愿意当团队负责人或者不能当团队负责人但仍然想拥有管理职级名称的意愿。这种方法的缺点是其背后是"官本位"思想，而且容易造成公司管理岗位混乱。企业如果使用这种方法，那么最好把专业类人员和管理类人员明确区分开，企业可以采用以下方式：

- 在管理类人员的职级名称中加入"中心、部、组"等部门或组织标识，比如"研发中心总监、研发部经理、研发组主管"，这可以和专业类的"研发主管、研发经理、研发总监"区分开来。
- 在专业类人员的职级名称中加入"专业"字样，比如"研发总监（专业）、研发经理（专业）、研发主管（专业）"。

在使用中文名称时，小职级对应的名称是基础等、普通等、职业等。另外需要说明的是，不管企业采用哪一种方式，一些特殊岗位因对接外部的需要或者岗位性质，还是要使用管理名称，比如"销售经理、项目经理、产品经理"等。

字母数字法
一些公司喜欢使用"字母+数字"形式的职级名称，比如管理类叫M1、M2、M3、M4、M5，专业类叫P1、P2、P3、

P4、P5。这通常出现在技术类公司、互联网公司，其优点是弱化了层级感。当采用字母数字法时，小职级一般叫A、B、C或者1、2、3，比如P1A、P1B、P1C或者P1-1、P1-2、P1-3。

在实际操作中，中文名称法和字母数字法可以同时使用，这些叫法没有本质上的不同，也没有好坏之分。企业在选择采用哪种职级名称时，需要综合考虑企业文化、现状以及员工的诉求等多个因素。

发展通道设计：员工在公司的多条发展路径

设计好了各序列的职级，企业就可以设计各序列对应的发展通道了。这些发展通道就是员工在公司的发展路径，企业在设计发展通道时应该站在员工的整个职业生涯角度统筹考虑。

三类员工发展通道

如图3-6所示，基于公司的序列设置，员工在一个公司内的职级发展通道一般分为三类：同序列内的发展通道、专业类与管理类之间的转换通道、专业序列之间的转换通道。

同序列内的发展通道

同序列内的发展通道是员工在公司的主要发展通道。由于一个序列通常包含多个岗位，因此同一序列内的员工发展通道有两条：同一岗位的向上发展通道和不同岗位之间的转换通道。如果某序列内只有一个岗位，那么这两条通道自然合二为一。

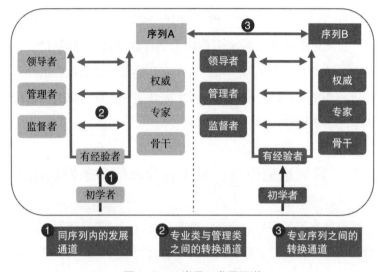

图3-6 三类员工发展通道

同一岗位的向上发展通道是指一个员工在不转换岗位的情况下向上发展的通道，比如负责薪酬工作的员工可以从初级薪酬专员发展为薪酬专家。同一序列内不同岗位之间的转换通道是指员工在同一个序列内的不同岗位之间进行转换的发展通道，比如人力资源序列的员工可以从薪酬管理岗转换到绩效管理岗。

在同一序列内的不同岗位之间转换是大部分人在职业生涯中都会经历的。因为从公司发展的角度看，拥有一定数量综合型员工的公司在加速业务发展方面的效能比其他公司高出数倍。从员工个人成长的角度看，综合型人才在就业市场一直都备受青睐。

专业类与管理类之间的转换通道

专业类和管理类之间的转换通道有两条。

第一条是从专业类向管理类转换。有管理能力和管理意愿的员工在专业能力达到一定程度后，可以根据公司的需要从专业岗位转向团队管理岗位。从专业类向管理类转换意味着员工从自我管理者走向团队管理者，这是一个比较大的转换，通常被认为是"升职"（职级不一定发生变化）。

第二条是从管理类向专业类转换。有专业类向管理类的转换，反过来就有管理类向专业类的转换，只是这种转换发生的频率一般不高，因为这在很多公司被视为"降职"（职级不一定发生变化）。管理类向专业类的转换通常伴随以下几种情况：

- 员工作为管理者被认为不称职——这种情况属于被动转换。
- 员工在管理岗位工作一段时间后认为自己不适合做管理者，想回到专业岗位——这种情况属于主动转换。
- 年龄比较大的管理者主动让贤——一般发生在公司有相关制度指引的情况下。

专业序列之间的转换通道

专业序列之间的转换通道是指员工从当前专业序列转向其他专业序列的发展通道。一般情况下，专业序列之间的转换意味着员工的岗位职责和工作所需要的知识、技能发生了比较大的变化，这对员工及其所在团队都会造成较大的影响。专业序列之间的转换一般有以下几种情况：

- 员工不适合当前序列的工作。
- 员工主动转换自己的发展通道，以拓宽自己的能力宽度。
- 上级或者公司制度鼓励员工多转换通道，以发展综合能力或者提升多专业能力。

转换发展通道的规则

在以上三类发展通道中，除了在同一岗位向上发展，其余通道都涉及转换问题。发展通道的转换需要经过一定的组织程序才能最终完成，因此公司是否提倡这种转换或者提倡在哪些序列之间进行转换非常关键。公司应建立相应的转换规则，引导员工向公司需要的方向发展，同时引导员工根据自己的能力选择更合适的发展通道。

如何设计通道转换规则

在设计通道转换规则时，企业可以从以下四个维度进行思考。

（1）公司管理导向

公司管理导向是指从管理的角度看公司需要什么样的人才，企业可以从以下三个方面进行思考：

- 公司需要的是综合型人才还是专业人才。公司如果需要综合型人才，那么应鼓励员工多进行通道转换，尤其是鼓励员工向本序列之外的通道进行转换。公司如果需要专业人才，那么可以适当鼓励员工进行通道转换，而且通道转换主要集中在本序列内。

- 公司更多需要的是专家还是一般专业人才。一般来说，员工只有掌握多方面的技能，才能成为真正的专家。因此，公司如果需要更多的专家，就多鼓励员工进行通道转换；如果只需要一般专业人才，那么不需要鼓励员工进行通道转换。

- 公司的核心业务在价值链上是集中于某一点还是有多个点。一般来说，核心业务越集中，越需要所有人都具备相关能力，这时候公司应鼓励核心业务人员多向其他通道转换，这样各类人员可以更好地理解核心业务并为其服务。比如，技术型公司可以鼓励技术人员多向人力、财务、销售等后台部门转换。

（2）人才发展规律

人才的成长是有规律的。一般情况下，职业生涯刚开始时员工需要先从某个专业技能入手，当把这项专业技能掌握到一定程度后，员工需要具备更多相关知识和技能才能增加专业深度。

因此，一般不鼓励处于职业生涯初期的员工进行通道转换。当职业生涯有了一定积累后，公司可以鼓励员工在序列内或者相邻的序列之间进行通道转换，之后适当鼓励员工向其他序列转换。

（3）岗位或序列的特点

每个岗位或序列都有自己的特点：技术型岗位对专业的要求比较高，公司可以鼓励这类员工多在本岗位的通道上发展，适当向同序列或者相邻技术序列转换；销售类岗位需要对公司的产品有更多的理解，这样员工才能更好地打动客户，公司可以鼓励这类员工向生产、质量等序列转换。

（4）通道转换成本

员工转换通道，尤其是向本序列之外的通道转换意味着员工要放弃之前学到的专业技能，重新学习新的技能。这种放弃和重新学习意味着员工需要投入更多的时间和更大的精力，这背后是一系列额外成本，包括人工成本、人才培养成本、隐性的业务损失成本等。一般来说，在价值链或者流程上越是不相邻的序列，通道转换的额外成本就越多。公司在决定是否鼓励员工进行通道转换时，需要综合考虑这些成本是否在公司可承受和愿意承受的范围内。

不同转换情况的规则设计

（1）专业类与管理类的转换

从专业类向管理类转换时，以下三个条件需要同时满足：

- 员工本人有做管理人员的意愿。
- 管理岗位出现空缺。
- 员工的专业能力达到一定级别（通常情况下需要达到中、高级别）。

从管理类向专业类转换分为主动转换和被动转换两种。

- 主动转换，即自愿从管理岗位转为专业岗位。当员工主动转换时，一般建议公司进行平级转换或者给予更高的专业级别。

- 被动转换，即按照规则必须转换（比如一些企业规定员工在达到一定年龄后要"退居二线"）或者被公司认定不适合做管理者。当员工被动转换时，一般建议公司进行平级转换或者适当降低专业级别。

（2）专业序列之间的转换

在进行专业序列之间的转换时，从工作效率及员工个人发展的角度看，公司可以将转换的难易程度分为四个级别：一级（积极鼓励）、二级（适当鼓励）、三级（基本不鼓励）、四级（完全不鼓励）。这四个级别的适用范围、转换条件以及员工转换后的级别与薪资调整情况如下。

- 一级。适用范围：这个级别的转换通常发生在同一序列的不同岗位之间，或者是公司提倡的通道转换（比如前文提到的技术型公司可以鼓励技术人员多向相邻序列转换）。转换条件：这类转换一般要求员工在原岗位的专业能力达到第二级别（有经验者或P2级）及以上。转换后的级别及薪资调整建议：员工的职级可以直接平移，而且转换后的薪资待遇应不低于原薪资水平。

- 二级。适用范围：这类转换通常发生在价值链或工作流程的上下游序列之间，或者在日常工作中需要密切协作的不同序列之间，比如销售序列和市场序列。转换条件：这类转换一般要求员工在原岗位的专业能力达到第三级别（骨干或者P3级）及以上。转换后的级别及薪资调整建议：公司可以为员工设置一段保护期（比如6个月），保护期内员工的职级直接平移，薪资保持不变；保护期结束后，重新评定员工职级，如果符合现有职级标准，则保留原职级和薪资，如果不符合，则降低职级并适当调整薪资。

- 三级。适用范围：这类转换通常发生在两类需要经过一定时间的重新学习和适应才能完成转换，但是之前的工作经验和技能还可以发挥一定作用的序列之间，比如从采购序列向人力资源序列转换。转换条件：这类转换一般要求员工在原岗位的专业能力为第三级别以下。转换后的级别及薪资调整建议：公司可以按照新岗位的能力要求重新确定员工的职级和薪资。

- 四级。适用范围：这类转换通常发生在两类需要经过较长时间的重新学习和适应才能完成转换，并且之前的工作经验和技能在转换后基本不能发挥作用的序列之间，比如从生产序列向财务序列转换。转换条件：这类转换一般要求员工在原岗位的专业能力为第二级别以下，并且越早转换越好。转换后的级别及薪资调整建议：公司可以按照新岗位的最低职级评定员工并确定相应的薪资。

某公司专业序列之间的转换规则（职级）如表3-5所示。

表3-5　某公司专业序列之间的转换规则（职级）

职位序列		营销族		供应链族			技术族		职能管理族	
		销售序列	市场序列	采购序列	物流序列	生产序列	研发序列	开发序列	人力资源序列	财务序列
营销族	销售序列	1	2	3	3	3	4	4	2	4
	市场序列	2	1	3	3	3	4	4	2	4
供应链族	采购序列	2	3	1	2	2	4	4	3	4
	物流序列	3	3	2	1	2	4	4	3	4
	生产序列	3	3	2	2	1	4	4	3	4
技术族	研发序列	2	2	3	3	4	1	1	2	3
	开发序列	1	2	3	3	3	1	1	2	3
职能管理族	人力资源序列	2	2	3	3	3	4	4	1	3
	财务序列	4	4	2	3	3	4	4	2	1

说明：（1）表格代表的是横向序列向纵向序列的转换。

（2）表格中的1、2、3、4代表的是转换的难易程度，1代表积极鼓励，4代表完全不鼓励。

任职资格标准：指引员工创造价值

任职资格标准是指职级晋升通道上每一个级别的任职要求，任职资格标准的设计是整个任职资格体系设计中最核心的部分。

任职资格标准包含哪些内容

任职资格标准的来源和核心作用

关于任职资格标准应该包含哪些内容，业界有着不同的说法，各大企业的做法也不尽相同。

要想回答这个问题，我们先来了解一下员工工作过程中的价值循环：员工通过自己的努力为公司创造价值，公司对员工创造的价值进行评价，之后利用评价结果进行价值分配，获得分配价值后员工继续为公司创造价值。

在这个循环中，传统的管理方式是通过绩效考核来进行价值评价，用薪酬激励来完成价值分配。而针对创造价值部分，传统企业更多采用的是被动式管理——用价值评价和价值分配来牵引员工进行价值创造。在科学管理诞生的最初阶段，由于工作相对简单，并且各个工作环节基本都按照最佳工作方式进行了标准化，员工不需要发挥太大的主动性，在这种被动式管理下，员工创造价值的方式是可行的。但是随着工作的复杂度越来越高，现在的企业需要更多有意愿且有能力的员工主动创造价值，才能在激烈的竞争中长期生存。

决定员工意愿的核心因素是动机和价值观，动机是指做事的出发点，价值观是指做事的原则。针对员工的意愿是否符合公司需求这一问题，当前大多数公司一方面会在招聘的时候对员工进行筛选，另一方面会在后期的培训和工作中进一步影响员工的意愿。决定员工能力的核心因素是知识和技能，它们分别代表"知"和"会"。在当前的人力资源管理中，员工的能力主要靠培训来提升，但是培训更多针对的是"知"，企业在"会"方面的培训是不足的。那么如何让员工"会"，而且"会"的是公司真正需要的技能呢？

最好的办法是对员工的工作行为进行引导。从工作效率和员工成长的角度出发，"引导"包括两个方面：第一个方面是短期引导，即指导员工解决当前的关键问题，在人力资源管理中，这正好可以与绩效考核相结合并形成绩效管理；第二个方面是长期引导，即帮助员工具备解决问题的底层能力，这正好可以与人才成长的规律相结合并形成任职资格标准。

因此，任职资格标准的核心是引导员工提升底层能力，图3-7是整个人力资源管理的底层逻辑。

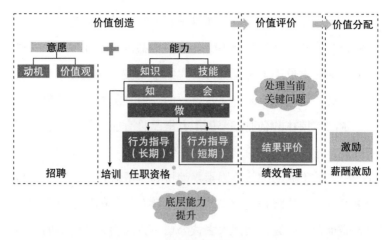

图3-7 人力资源管理的底层逻辑

任职资格标准的五类表现形式

了解了任职资格标准的来源和核心作用，结合使用场景，我认为任职资格标准的主要表现形式有以下五类。

基于显性条件的任职资格标准

显性条件通常包括知识、经验、学历、职称等，很多公司会基于显性条件建立任职资格标准。比如，有些公司规定员工每两年可以直接晋升一个职级，或者员工获得初级职称可以直接晋升至P2级、获得中级职称可以直接晋升至P3级、获得高级职称可以直接晋升至P4级。

这种任职资格标准的优点是结果容易判断，缺点是这些显性条件并不能完全代表员工的能力。这种任职资格标准通常适用于三类场景：

- 公司需要一个绝对客观的晋升标准。
- 公司在管理中非常重视硬性条件中的一个或多个。
- 公司希望晋升机制是自动化的，不需要人为判断。

基于绩效结果的任职资格标准

结果应该是所有工作的第一导向，在公司已经搭建了完善的绩效管理体系的情况下，用代表工作结果的绩效来构建任职资格标准也是一种选择。

基于绩效结果的任职资格标准的优点是重视工作成果，结果容易判断，能在较大程度上反映员工的能力。缺点是绩效更多反映的是工作结果，对工作过程的关注度不足，这容易使员工产生短期行为。同时，绩效管理本身是一个独立的体系，其结果已经在很多方面有所应用，如果再将其作为任职资格体系的核心，那么这会导致管理工具相互重叠，带来管理行为的"浪费"。这种任职资格标准适用于以下几类场景：

- 公司需要一个相对客观且可以快速判断的晋升标准。
- 公司的管理完全以结果为导向。
- 公司的绩效管理体系相对合理且完善。

基于能力以及工作动机、价值观的任职资格标准

这里的能力是指"知"和"会"的能力（不一定有行为表现）。工作动机和价值观是冰山模型中最底层的部分，将这部分作为任职资格标准的好处是动机和价值观可以反映一个人的真实内在。在这方面符合公司需求的员工，完成工作的自驱力很强，工作效率很高，因此公司的管理成本会随之降低。

这种任职资格标准的优点是可以给予认证人更多的灵活评价空间，缺点是较难准确测评。这种任职资格标准适用于以下两类场景：

- 公司有成熟的测评工具。
- 公司更侧重于为员工提供晋升通道，只需要一个模糊的任职资格标准。

基于工作行为的任职资格标准

工作行为是指员工在工作过程中表现出来的行为，工作行为的背后其实就是工作能力。但是跟第三类任职资格标准中的能力不同的是，前文所说的能力不一定会在工作中表现出来，而这里的能力要求员工在工作过程中表现出来。

其实，如果企业不用专门的工具对工作动机和价值观进行测评，那么这两方面也可以用员工在工作中表现出来的行为来衡量，这时候它们可以合并到这类任职资格标准中。

这种任职资格标准的优点是企业可以对员工的工作行为进行引导，提升员工的底层能力，缺点是认证过程比较烦琐。想要更好引导员工成长的公司适合采用此类任职资格标准。

全面任职资格标准

全面任职资格标准是将前面所有因素综合考虑之后形成的任职资格标准，这是最符合公司发展需求的任职资格标准形式，也是本书的核心内容，后文会详细说明。

任职资格标准"三段论"模板

　　企业在设计职级晋升通道时通常会考虑员工的整个职业生涯，这意味着员工不太可能快速在某个通道上获得晋升。大多数情况下，员工的能力在短时间内不太可能发生比较大的变化，因此职级晋升是需要时间的。如此一来就产生了一个企业在开展晋升评审时会用到的人才晋升漏斗（见图3-8），即通过多种方式层层筛选出最终晋升人员。结合职级晋升通道与任职资格标准，人才晋升漏斗一般包含两次筛选过程：

- 第一次筛选一般用的是显性的基本条件，员工本人或者员工的上级很容易就可以判断出来。
- 第二次筛选用的是核心的关键条件，对这些条件进行判断往往有一定的难度。

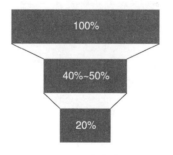

100%

40%~50%

20%

图3-8　人才晋升漏斗

　　在实际操作中，每次筛选大概只有不超过半数的人可以通过。公司最终晋升的人数会遵循二八原则，也就是最终晋升的人数为总人数的20%左右（根据经验，大型公司一般在15%左右，中型公司一般在20%左右，小型公司一般在30%左右）。

前文讲过，任职资格标准的核心是引导员工提升底层能力，这是一种长期行为。员工能够表现出某种行为的前提是"知"和"会"，因此在任职资格标准中，代表"知、会、做"的知识、技能和行为是必备项目。

基于人才晋升漏斗，以知识、技能和行为为核心，结合我这几年做项目的最佳实践，本书形成了任职资格标准"三段论"通用模板，包括基本条件、核心条件和红线条件三部分（见表3-6）。

表3-6 任职资格标准"三段论"通用模板

任职资格标准			初学者	有经验者	骨干	专家	权威
基本条件 （门槛条件）	资历						
	知识						
	绩效						
核心条件 （评审条件）	技能行为项						
	素质项						
红线条件 （底线条件）	价值观						
	公司制度						
	其他						

第一部分：基本条件

　　基本条件也叫门槛条件，一般是人才晋升漏斗在第一次筛选时所使用的标准。通过基本条件，企业可以把明显没有资格晋升的人员筛掉，以减少每次晋升评审对时间和精力的浪费。常用的基本条件包括资历、知识、绩效三部分。

资历

资历一般包括工作年限、学历、资质等，其中：

- 工作年限是指工龄或者司龄，代表的是职场工作经验。能力的提升需要工作经验的积累，能力越高，越要花费更长时间。因此，在任职资格标准中，随着职级的升高，工作经验要求会越来越高。

- 学历一般是指全日制学历（非全日制学历是否被承认需要不同公司根据自己的需求来决定）。学历一般是员工在进入职场之前获得的，进入职场之后很难提升。因此在任职资格标准中，学历通常会跟工作年限结合使用。比如有些公司的P2级条件是"大专学历且有4年工作经验"或者"本科学历且有3年工作经验"、"硕士学历且有2年工作经验"；P3级条件是"大专学历且有5年工作经验"或者"本科学历且有4年工作经验"；等等。我经常见到一些公司在设置任职资格标准时，对学历的要求是：P1级应达到大专学历，P2、P3级应达到本科学历，P4、P5级应达到硕士研究生学历。我不建议企业这样设置学历要求。

- 资质指的是专业证书,特殊的专业岗位一般都有必备资质要求,比如会计从业资格证书。有些公司根据自身的发展需要可能会有其他资质要求,比如设计院为了提升自身的实力,要求工程师具有高级别的建造师资质。

资历并不完全代表能力,因此在任职资格标准中,资历并不是必需的。但是资历能在一定程度上反映员工的能力,因此在实际操作中大部分公司还是会加入资历要求。对于资历所包含的这三个方面的条件,企业可以同时采用,也可以仅采用部分内容。

知识

知识代表的是"知",这是员工胜任一个岗位的基本要求。在任职资格标准中,企业可以用两个方面来说明对员工的知识要求——日常学习情况和知识掌握情况。

- 日常学习情况代表的是学习知识的过程,在建立了培训体系的情况下,日常学习情况通常用累积学时或者学习积分来评判,比如要求员工过去一年参加培训的时长不低于20学时或者学习积分不低于60分。
- 知识掌握情况代表的是学习知识的结果,通常用知识考试结果来评判,考试内容一般包括三部分:行业知识、公司知识、专业知识。如果想举办知识考试,那么公司需要建立知识题库。

关于知识应该放在任职资格标准的哪个位置,有两种说法:一种是将知识视为晋升前的应知应会项,放在基本条件部分;另一种是将知识视为晋升标准之一(不是必备项),放在核心条件部分。这两种方式都是可以的,本书采用第一种。

绩效

绩效体现的是员工的工作对公司的价值,对于任何工作来说,结果都应是第一导向。没有结果,再强的能力也会失去价值,所以绩效一般是任职资格标准中的一个必备要求。

在建立了绩效管理体系的情况下,企业一般用绩效来表示工作结果,但是很多企业在将绩效作为基本条件时存在这样一个误区,即在任职资格标准的基本条件中设置了很高的绩效要求。假如将绩效结果分为S(分布比例为10%)、A(分布比例为20%)、B(分布比例为60%)、C(分布比例为10%)四个等级,很多公司会要求员工前两次的绩效结果都为S,因为S代表绩效结果最佳。但是这样设置会带来一个问题:能达到基本条件的人少之又少,从而导致核心条件失去了价值。因此基本条件中的绩效要求不应太高,绩效结果尚可的人都应该有资格参与晋升评审。企业也可以按照能够筛掉50%左右的员工这一要求来确定绩效标准。绩效结果并不完全代表工作能力,而任职资格标准更多考察的是工作能力。

某公司任职资格标准的基本条件如表3-7所示。

一般来说,基本条件里的每一项都是"一票否决项",也就是说任何一项不满足要求,员工都不能申请晋升。

表3-7　某公司任职资格标准的基本条件

项目		1级→2级	2级→3级	3级→4级
资历	大专及以下	2.5年	4年	4年
	本科	1.5年	3年	3年
	硕士研究生及以上	0.5年	2年	2年
学习积分		120分	150分	120分
绩效结果		最近两次的绩效评级为：SS、SA、AS、SB、BS、AA、AB或BA		

备注：以上年限是指在上一级别工作的年限

第二部分：核心条件

核心条件也叫评审条件，是决定一个员工能否晋升的核心要求。核心条件的背后其实是能力、素质，在实际操作中，它一般包括两部分：技能行为项和素质项。

技能行为项

前文讲过，任职资格标准中必须包含三项——知识、技能和行为。如果知识被归入基本条件，那么技能和行为会被归入核心条件，我们称之为技能行为项。技能行为项的背后实际上是企业对员工的能力要求。

素质项

素质项的核心是工作动机和个人价值观。素质项在任职资格标准中的使用有两种理念：基本特质理念和行为方式理念。

基本特质理念认为，素质是一种一旦形成就会固化下来，很难发生较大变化的底层特质。基本特质理念与任职资格标准所说的"随着职级的提升，晋升要求也要提升"的理念是不一致的。因此，基于基本特质理念，关于任职资格标准是否需要素质项，有两种不同的观点：

- 观点一：任职资格标准中不需要加入素质项，关于员工素质的考量需要在其他管理场景中进行，比如招聘。
- 观点二：素质项可以作为任职资格标准的基本条件使用，也就是当素质项合格时员工才有资格申请晋升。在这种情况下，不同级别可能需要使用不同的素质项，而且素质测评需要一些更专业的手段。

行为方式理念认为不管是什么素质项，这都可以在员工的日常工作行为中体现出来。因此，只要员工平时表现出来相应的行为，企业就可以认为该员工具备此素质项。即使员工的底层思维中不具备该素质项，但是他能刻意表现出相应的行为，这对公司来说也是有价值的，应该给予认可。这种理念跟技能行为项的理念和表达方式是一致的，所以素质项的开发可以参照后文技能行为项开发部分。

第三部分：红线条件

除了基本条件和核心条件，部分公司还会设置一个红线条件或者底线条件。员工不管能力多强，只要触发了红线条件，就不能获得晋升，甚至可能会被降级或者受到更严厉的惩罚。

红线条件一般包括公司的核心价值观、管理制度以及国家的法律法规等内容。

任职资格标准中的基本条件和红线条件开发起来相对容易，后文不再重点讲述。接下来我们重点阐述任职资格标准中最重要、最难开发的部分——技能行为项。

技能行为项的开发

技能行为项是整个任职资格标准中最重要的部分，技能行为项的开发也是整个任职资格体系搭建中最耗费精力、最花费时间的环节。一个完整的技能行为项包括三个层次：技能行为模块、技能行为要项、技能行为分级描述（见图3-9）。

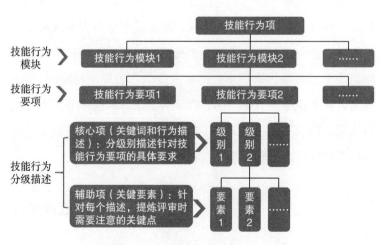

图3-9　技能行为项内容层次图

某公司人力资源序列的技能行为项（部分）如表3-8所示（非通用内容）。

技能行为模块的参考模型

技能行为模块代表的是任职资格标准的思考维度，有效的模块划分可以保证企业在提炼任职资格标准时有更加全面和长远的思考。对于技能行为模块的划分，一般建议企业参考成熟的模型（可以根据公司的实际情况进行优化和调整）。

管理类岗位的参考模型

管理类岗位的技能行为模块划分可以参考以下三个模型。

（1）胜任力模型

胜任力模型（能力素质模型）有三个通用的维度：核心能力、管理能力、专业能力。其中，核心能力是指全体员工都需要具备的能力，通常代表着公司的核心价值观或者从核心价值观中进一步提取的能力；管理能力是指带领团队的员工需要具备的能力，通常指的是管理团队的技能；专业能力是指员工胜任某个岗位需要具备的专业技能。

（2）"管理五维度"模型

"管理五维度"模型是指一个优秀的管理者要做好五个方面的管理：

- 管理自我，即对自身进行管理。这是每个优秀员工，尤其是管理者应具备的最基本的能力，员工无法管理自己就无

表3-8 某公司人力资源序列的技能行为项（部分）

模块	要项	分级描述						……
		1级			2级			
		关键词	行为描述	关键要素	关键词	行为描述	关键要素	……
战略意识	战略理解能力	熟悉战略	了解公司使命、愿景和核心价值观，熟悉公司及本部门的战略	■ 正确说出公司的使命、愿景、心价值观 ■ 正确说出本部门战略	参与规划本部门业务	根据公司的发展战略，参与制订本部门业务规划	■ 参与业务规划的制订 ■ 在参与过程中提出有效建议并被采纳	……
……	……	……			……	……	……	……
客户管理	业务理解能力	理解专业用语	了解公司业务的专业术语	知道公司业务中各种专业术语的含义	了解业务流程	了解其他部门的业务流程	描述1个与本部门相关联的其他部门的业务流程	……
……	……	……			……	……	……	……
影响力	教练辅导能力	答疑能力	向新上岗人员提供相关工作流程、规范、工作技巧等方面的指导	■ 说出提问人是谁 ■ 说出提出的问题 ■ 给出答案	目标分解	教会员工对目标或工作流程进行分解、监控、优化	■ 可以是本部门员工，也可以是其他部门员工 ■ 指导内容包括目标的分解、工作流程或流程优化	……
……	……	……			……	……	……	……

法有效管理别人。

- 管理下级，即对下属进行管理。这是团队管理者的主要工作。

- 管理平级，即对其他平行部门进行管理。管理平级主要反映的是员工跨部门合作的能力。跳出所在的团队，每个员工都处在一个更大的团队环境中，跨部门合作能力是管理者应具备的关键能力之一。

- 管理客户，即对客户进行管理。这里的客户主要是外部客户。员工应把客户放在首位，具备客户服务意识，坚持任何工作都"从客户中来，到客户中去"。

- 管理上级，即对自己的上级进行管理。这个维度的管理工作是最难做的，但是一个优秀的管理者一定具备向上管理的能力。

在上述五个维度的管理中，后三个维度其实更多的是"影响"，而不是传统意义上的"管理"。

（3）"管理五模块"模型

"管理五维度"模型主要针对的是五个管理对象，虽然涵盖的内容非常全面，但是在实际操作中我发现，当通过这五个维度来提炼任职资格标准时，企业对员工"技能行为"的引导不足。因此，本书对"管理五维度"模型进行了拆解（见图3-10），并重新组合形成了针对管理内容的"管理五模块"模型。

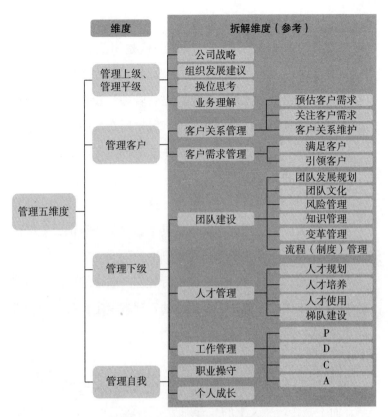

维度	拆解维度（参考）	
管理上级、管理平级	公司战略	
	组织发展建议	
	换位思考	
	业务理解	
管理客户	客户关系管理	预估客户需求
		关注客户需求
		客户关系维护
	客户需求管理	满足客户
		引领客户
管理下级	团队建设	团队发展规划
		团队文化
		风险管理
		知识管理
		变革管理
		流程（制度）管理
	人才管理	人才规划
		人才培养
		人才使用
		梯队建设
管理自我	工作管理	P
		D
		C
	职业操守	A
	个人成长	

（整体标题）管理五维度

注：PDCA 循环又称戴明环，是一种质量管理方法。P 指计划（Plan），D 指执行（Do），C 指检查（Check），A 指处理（Act）。

图3-10 对"管理五维度"模型的拆解

"管理五模块"模型的五个模块分别为：

- **战略意识**：员工对公司整体或某一部分的发展方向、发展重点等方面的认知和贡献情况。

- **客户导向**：员工应具备的以满足外部客户需求、增加外部客户价值为出发点的技能或者应完成的行为，这里的技能行为可以直接作用于客户，也可以间接作用于客户。

- **业务管理**：这是管理者带领团队完成业务的能力，是管理者的首要任务。这里关注的不是业务完成结果（这属于绩效管理部分），而是管理者在带领团队完成工作的过程中表现出来的能力，主要包括为了完成工作而进行的内部分配与协调，以及为了更好完成工作而进行的流程、机制、制度等方面的搭建、调整和优化。

- **人才管理**：管理者对团队内部的人才进行"选、用、育、留"所应具备的能力。人才管理是一个容易被管理者忽略，但对公司长期发展影响最大的部分。

- **职业素养**：这是管理者必备的基本职业素质要求，这个部分对应的是"管理五维度"模型中的管理自我部分。

本书后续内容在谈到管理类岗位的任职资格标准时，采用的是以管理内容为核心的"管理五模块"模型。

专业类岗位的参考模型

专业类岗位的技能行为模块划分可以参考三个模型。

（1）胜任力模型

胜任力模型的三个维度也可以用于对专业类岗位的技能行为模块进行划分，只是企业在使用时不需要运用其中的管理能力维度，同时可以将专业能力维度改为影响力维度（参考下文"π型"人才模型中的影响力维度）。

（2）"π型"人才模型

随着外部环境越来越复杂，企业对综合型人才的需求与日俱增，那么综合型人才的画像是什么样的呢？首先我们来看一个综合型人才模型："π型"人才模型，这个人才模型认为真正的人才需要在三个维度综合发展。

- **纵向的专业深度**：在某一个或者几个专业领域有足够的深度。
- **横向的专业宽度**：在有专业深度的同时，拥有相关专业的丰富知识或者技能。
- **影响力维度**：主要是指影响他人的能力。这里的影响力既包括为了影响他人而具备的能力，也包括为了更好地影响他人而需要提升的能力。影响对象包括内部对象（其他员工、部门）、外部对象（供应商和合作伙伴）。在专业人员的培养中，影响力通常是最容易被忽略的维度。

在"π型"人才模型中，三个维度的关系是：专业深度和专业宽度之间是乘法关系，影响力与其他两个维度是指数关系，可以用下面的公式来表示：

$$员工价值 = (专业深度 \times 专业宽度)^{影响力}$$

"π型"人才模型中的三个维度可以直接作为专业类岗位的技能行为模块划分依据。相对于"π型"人才模型，企业还可以参考两类人才模型："I型"人才模型和"T型"人才模型。

- "I型"人才是指在某单一领域发展的人才。现实中这类人才很多，虽然一个人只在单一领域发展可以达到一定的专业深度，但是想在该专业有更深的造诣是相当困难的，因为任何专业都不是孤立存在的。
- "T型"人才是指在某单一领域深度发展的同时，在相关领域也有一定的发展（专业宽度）的人才。在"I型"人才的基础上，有了专业宽度的加持，员工的能力可以有更深入的提升。

从个人整体职业生涯的角度看，员工最初应该朝着"I型"人才发展，之后逐步成为"T型"人才，终极目标是成为"π型"人才（见图3-11）。

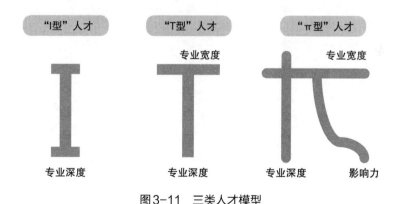

图3-11 三类人才模型

（3）"四维度"人才模型

"π型"人才模型的内容相对容易理解，但是企业在实际操作中仍然存在对员工所需要的技能行为引导不足的问题。因此，本书对"π型"人才模型进行了拆解（见图3-12），并重新组合形成了更具引导性的"四维度"人才模型。

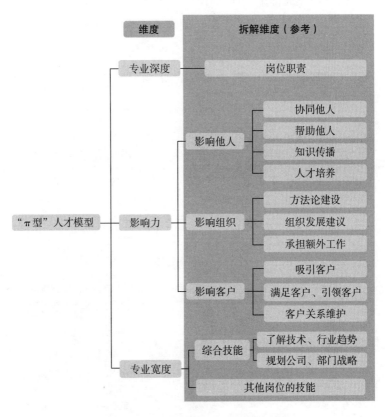

图3-12 对"π型"人才模型的拆解

"四维度"人才模型的四个维度分别是：

- **战略意识**：这是指员工对公司整体或某一部分的发展方向、发展重点等方面的认知和贡献情况。
- **客户导向**：这是指员工应具备的以满足外部客户需求、增加外部客户价值为出发点的技能或者应完成的行为，这里的技能行为可以直接作用于客户，也可以间接作用于客户。
- **影响力**：同"π型"人才模型中的影响力一样，这里的影响力既包括为了影响他人而具备的能力，也包括为了更好地影响他人而需要提升的能力。影响对象包括内部对象（其他员工、部门）、外部对象（供应商和合作伙伴）。
- **专业能力**：这是指从完成自身专业工作的角度看，员工应该具备的能力。这里的专业能力既包括为了完成自身工作而需要具备的本专业能力，也包括为了更好地完成工作而应具备的相关专业能力以及底层能力（比如数据分析能力、问题解决能力等）。

这四个维度可以作为所有专业类岗位通用的技能行为模块划分依据。后文在谈到专业类岗位时，主要以"四维度"人才模型为核心进行说明。

其他参考模型

除了以上模型，还有一些模型可以作为管理类岗位或者专业类岗位的技能行为模块划分依据，比如冰山模型、洋葱模型等，不同公司可以根据自己的需要确定相应的参考模型。

"三分析、一补充"，提取技能行为要项

技能行为要项代表的是每个模块下的具体技能行为，技能行为要项的内容关系到任职资格标准能否真正达到引导员工提升底层能力的目的。那么，有效的技能行为要项如何提取呢？

根据笔者多年实践经验，从实际操作的角度出发，本书提出了提取技能行为要项的"三分析、一补充"法。

分析一：分析岗位职责

岗位职责规定了员工的基本工作责任和范围，因此技能行为要项的首要来源应该是岗位职责。一个序列通常包含多个岗位，因此企业在提取技能行为要项时需要考虑该序列内各个岗位的岗位职责。在具体操作时企业可以通过两个步骤完成。

第一步，提取员工胜任每个岗位所需要的技能行为要项。

对序列内所有岗位的关键职责（或关键活动）进行分析，提取员工胜任每个岗位所需要的技能行为要项。以某公司的品牌序列为例，假设该序列有两个岗位，即品牌专员和内容营销专员，基于这两个岗位的核心职责，我们提取的技能行为要项如表3-9所示。

第二步，对所有岗位的技能行为要项进行综合分析与整合，初步形成基于岗位职责的序列技能行为要项，具体做法如下。

首先，对同一个岗位的不同技能行为要项进行职能定位分析。如果职能定位相同，那么这些技能行为要项代表相同的含义，或者代表着同一个能力的不同深度，企业可以将这些技能

行为要项合并为一个。比如，表3-9中品牌专员岗位所需的品牌战略、品牌建设、品牌宣传这三个要项，其职能定位都是品牌管理，因此可以合并为一个，这三项能力可以作为品牌管理这个技能行为要项的分级描述参考或者依据。

表3-9　某公司品牌序列各岗位的技能行为要项

岗位	工作内容	技能行为要项
品牌专员	▪ 协助制定公司品牌战略、年度品牌推广策略及媒体宣传策略 ▪ 负责公司品牌形象设计和策划工作 ▪ 负责内部媒体宣传，强化内部员工的品牌意识 ▪ 策划及组织公司层面的品牌宣传等大型活动 ▪ 公司危机事件的公关处理 ▪ 负责品牌信息的定期核查、调整及优化	▪ 品牌战略 ▪ 品牌建设 ▪ 品牌宣传 ▪ 数据分析 ▪ 内容制作 ▪ 危机公关
内容营销专员	▪ 运营现有微信公众号，开发自媒体平台并运作、维护 ▪ 与潜在的第三方媒体、平台以及品牌开展多元化的传播活动 ▪ 监控、研究竞争品牌及其网站搜索引擎的营销策略 ▪ 创新并制作各类营销内容 ▪ 对公司各类营销数据进行交叉分析 ▪ 制定会员等级和积分规则，管理会员营销平台，监测会员等级的升级以及积分的使用情况	▪ 线上营销 ▪ 线上品牌活动策划 ▪ 内容制作 ▪ 数据分析 ▪ 会员管理

其次，对不同岗位的相同技能行为要项进行合并。比如在表3-9中，虽然两个岗位的"数据分析"要项的具体内容不同，但是对这两个岗位来说，进行数据分析的方法和逻辑是相

同的，那么企业可以将这两个要项合并。

再次，对不同岗位的不同技能行为要项进行职能定位分析。如果职能定位相同，那么这些技能行为要项有可能合并为一个，只是后续的分级描述中需要包含两个岗位的信息。比如，上文品牌专员岗位的"品牌宣传"要项和内容营销专员岗位的"线上品牌活动策划"要项，这两个技能行为要项的职能定位是相同的，都属于品牌管理，因此可以合并。

然后，对不同岗位的职能进行交叉分析。通过分析我们发现，对于有些技能行为要项，有的岗位有，有的岗位没有。这时候企业需要考察一下加入这些技能行为要项能否更好地帮助员工完成本岗位的工作，或者未来随着工作的深入，该岗位是否需要加入其他岗位的技能行为要项。如果需要，那么企业可以将该技能行为要项作为整个序列通用的要项。比如对于上文品牌专员岗位的"危机公关"这个技能行为要项，我们分析后发现其实内容营销专员这个岗位也需要它，因此"危机公关"可以作为品牌序列的通用技能行为要项。

最后，对某个岗位需要，但是其他岗位不需要的技能行为要项进行分析。如果某个技能行为要项对某个岗位来说非常关键，那么这个技能行为要项也可以作为该序列的技能行为要项；如果这个技能行为要项对该岗位来说不重要，那么企业可以把它从序列要项中剔除。比如上文内容营销专员岗位有一个技能行为要项是"会员管理"，仔细分析我们会发现这个要项对内容营销专员来说非常重要，虽然另一个岗位不需要，但是会员管理也可以成为品牌序列的技能行为要项。

通过以上分析和整合，企业可以将序列内每个岗位所需的

80%以上的专业能力都放入序列要项，整合之后的技能行为要项就是该序列需要的通用要项。如果做不到这一点，那么这可能是两个原因造成的：一是分析不够充分，二是序列划分不正确。此时企业需要重新进行分析或者重新划分序列。某公司品牌序列技能行为要项的提取结果如表3-10所示。

表3-10　某公司品牌序列技能行为要项的提取结果

岗位	工作内容	序列要项
品牌专员	▪ 协助制定公司品牌战略、年度品牌推广策略及媒体宣传策略 ▪ 负责公司品牌形象设计和策划工作 ▪ 负责内部媒体宣传，强化内部员工的品牌意识 ▪ 策划及组织公司层面的品牌宣传等大型活动 ▪ 公司危机事件的公关处理 ▪ 负责品牌信息的定期核查、调整及优化	▪ 品牌管理 ▪ 危机公关 ▪ 线上营销 ▪ 内容制作 ▪ 数据分析 ▪ 体系建设 ▪ 会员管理
内容营销专员	▪ 运营现有微信公众号，开发自媒体平台并运作、维护 ▪ 与潜在的第三方媒体、平台以及品牌开展多元化的传播活动 ▪ 监控、研究竞争品牌及其网站搜索引擎的营销策略 ▪ 创新并制作各类营销内容 ▪ 对公司各类营销数据进行交叉分析 ▪ 制定会员等级和积分规则，管理会员营销平台，监测会员等级的升级以及积分的使用情况	

有人可能会注意到，这一部分的归纳整合逻辑同序列划分部分的逻辑是相似的。确实，技能行为要项的提取同序列划分背后的基本要求是一致的，所以两者在实际操作时也可以相

互验证。

分析二：分析公司文化和价值观

任何一个公司都有自己的文化和价值观。文化和价值观代表的是公司对员工的日常行为要求，其影响至深，因此文化和价值观是技能行为要项的第二个来源。

从文化和价值观中提取技能行为要项，通常有两种方式。

方式一：直接将公司的文化和价值观作为技能行为要项的内容。很多公司的文化和价值观中都有"项目"和"行为描述"等方面的内容，这些内容可以直接作为所有序列的通用技能行为要项，只是大部分公司对文化和价值观的描述不是分级描述。在这种情况下，企业以文化和价值观的得分对不同级别进行要求即可，比如P1级的文化和价值观得分为60分，P2级为70分，P3级为80分，P4级为85分，P5级为90分。

方式二：从文化和价值观中提取相应的技能行为要项。比如有些公司的文化和价值观中包含"客户第一"字样，行为描述中包含"通过不断创新，引领客户需求"，因此企业可以提取出一个技能行为要项"引领客户"。

分析三：分析公司发展战略

发展战略代表的是一家公司未来一段时间的发展方向，员工的日常工作需要与公司的发展战略保持一致，因此发展战略是技能行为要项的第三个来源。比如，一家公司未来五年的发展战略非常关注创新能力，那么"创新能力"就是所有序列通用的技能行为要项或者某些特定序列（比如技术序列）的技能行为要项。

补充：拆解各模块内在逻辑，补充技能行为要项

前文提到的技能行为模块本身都有内在的逻辑，企业可以基于这些逻辑，结合公司、序列、岗位本身的角色与责任，对技能行为要项进行补充。

（1）管理序列

这里以"管理五模块"模型为例来具体说明，包含战略意识、客户导向、业务管理、人才管理、职业素养五个模块。

第一，战略意识模块。

战略意识是员工对公司整体或某一部分的发展方向、发展重点等方面的认知和贡献情况。管理人员理解战略甚至参与战略的制定，是一个基本要求。

在提取战略意识模块的技能行为要项时，企业可以从两个维度思考——公司整体的战略以及公司某一部分的战略或规划、策略。在这两个维度下，战略意识模块常用的技能行为要项如下：

- **战略认知**：理解公司的战略或者发展规划，看待问题具有前瞻性，能从更高角度思考公司、团队或者个人的发展。
- **部门规划**：理解并参与制订部门的发展规划，能站在部门角度完成自身的工作。
- **客户策略**：为了维护客户关系或者开发新客户而事先确定一系列流程、活动或者工作方向。
- **产品规划**：对产品进行市场分析、预测，并在此基础上确定产品发展策略与规划。

第二，客户导向模块。

客户导向的底层逻辑是将客户的利益放在首位。企业可以从两个维度思考客户导向模块的技能行为要项提取——直接对接客户、间接对接客户。

直接对接客户维度的技能行为要项包括：

- **理解客户**：了解客户的特点，熟悉公司的相关策略，通过为客户创造价值来给公司带来价值。
- **满足客户**：不断改进服务水平，尽可能满足客户提出的各种需求，提升客户满意度。
- **吸引客户**：通过产品、品牌、个人魅力、个人能力等，获得客户的关注。
- **引领客户**：探索客户内心的真实需求，在客户未明确提出需求时就帮客户解决问题。
- **发掘商机**：通过市场洞察以及与客户沟通、举办活动等方式，发现客户潜在的需求，并通过自身的专业能力获得客户认可，为企业找到业务机会。
- **了解客户的业务**：了解客户的业务逻辑、产品特点、客户群体，以及本公司业务同客户业务之间的关联。
- **客情管理**：建立良好的客情关系，及时处理客情方面的问题。

间接对接客户维度的技能行为要项包括：

- **了解公司业务**：了解公司的业务逻辑、产品特点、客户群体，以及本人所负责的业务与公司整体业务之间的关联。
- **了解上下游业务**：了解与本人所负责业务相关的上下游业务的逻辑、基本工作流程，以及本人所负责的业务与上下游业务之间的关联。
- **市场判断**：在了解公司产品的基础上，对竞品及市场情况进行分析和预测，为公司提出建设性意见或者方案。
- **市场洞察**：在了解公司业务逻辑的基础上，关注市场的发展趋势，在可能的情况下为公司发掘新的机会点。

第三，业务管理模块。

业务管理是指管理者带领团队完成业务的能力，这是管理者的首要任务。但是，业务管理模块关注的不是业务完成的结果（这是绩效管理的重点），而是管理者在带领团队完成工作的过程中表现出来的能力。在实际提取技能行为要项时，企业可以从PDCA循环的四个维度进行思考（见表3-11）。

第四，人才管理模块。

人才管理对企业来说至关重要，人才管理模块的技能行为要项可以从人才的"选、用、育、留"四个维度进行提取（见表3-12）。

第五，职业素养模块。

职业素养主要针对的是管理者，员工拥有良好的职业素养才能管理或者领导他人。该模块的技能行为要项包括职业操守、个人发展、个人形象塑造、职业化等。

表3-11 基于PDCA四个维度的技能行为要项（示例）

维度	含义	技能行为要项（参考）	
P （Plan，计划）	确定方针和目标，制订活动规划	部门规划、计划，计划管理，目标制定	变革管理、工作管理、创新
D （Do，执行）	根据已知信息，确定具体的方法、方案和计划，之后进行具体运作，实现计划中的内容	决策能力、资源整合能力、会议管理、计划执行、风险管理、危机管理、项目管理、流程管理	
C （Check，检查）	总结执行结果，弄清哪些动作对，哪些不对，明确效果，找出问题	复盘能力、绩效评估	
A （Act，处理）	对成功经验加以肯定并予以标准化；对失败的教训进行总结，并引起重视；对于没有解决的问题，交给下一个PDCA循环解决	经验提取、案例总结、绩效改进	

表3-12 人才管理模块的技能行为要项（示例）

维度	技能行为要项（参考）	
选	人才盘点、人才招募、人才识别	人才规划 人才管理 梯队建设
用	员工面谈、授权	
育	知识管理、人才培养、员工轮岗	
留	团队文化、人才激励	

（2）专业序列

我们以"四维度"人才模型为例来具体说明专业序列技能

行为要项的提取方法。

第一，战略意识模块。

关于公司的战略是否应该被员工熟知，外界是存在争议的。普遍的观点是大部分员工至少应对公司的战略有一定的了解，员工级别越高，对战略的理解程度应该越深，甚至中高级别的专业人员应该参与公司战略的制定。只有这样，企业才可以在一定程度上保证员工的行为与企业战略发展方向一致。专业序列战略意识模块的要项提取可以参考管理序列战略意识模块的。

第二，客户导向模块。

专业序列客户导向模块的底层逻辑是将客户的利益放在首位。专业序列客户导向模块的要项提取可以参考管理序列客户导向模块的。但是在实际操作时，针对不同序列，客户导向模块的侧重内容是不同的：

- 前道序列的客户导向模块更侧重直接对接客户维度。
- 后道序列的客户导向模块更侧重间接对接客户维度。
- 中道序列的客户导向模块需要从直接和间接对接客户的双重维度进行思考。

第三，影响力模块。

影响力模块的技能行为要项如表3-13所示。

表3-13　影响力模块的技能行为要项（示例）

维度		技能行为要项	含义
对内	影响他人	协同他人	同他人一起完成某项工作
		帮助他人	帮助他人完成某项工作
		解决问题	自行或者帮助他人解决问题
		沟通协调	在与他人合作时明确传递信息，并通过沟通推动团队合作和任务的达成
		教练辅导	作为导师或者资深人员，培养低级别员工，或者在日常工作中对他人进行指导
		知识传播	学习新的知识或者总结提炼日常工作中的经验，并将新知识或者有用的工作经验在团队内部进行分享
	影响组织	方法论总结	在工作中通过总结相关方法论来获得认可，并在组织内部进行传播
		团队协作	为其他人提供必要的资源或者积极利用内部其他资源，以保证团队工作顺利完成或者提高工作效率
		知识管理	总结工作经验并归纳梳理，将其应用于日常工作，以提高工作质量和效率
		文化传播	积极宣传并践行企业文化
		承担额外任务	在完成自己的本职工作后，主动承担额外工作
		提升氛围	积极参加公司活动，发挥积极、正向的作用，为其他员工带来正向引导
		组织发展建议	为公司或所在团队的发展提出建议并被采纳，从而带来积极影响

维度		技能行为要项	含义
对外	影响供应商、合作伙伴	建立信任	通过有效的互动方式使他人对个人及组织产生信任
		资源整合	通过自身的影响力，整合各方资源，提升工作效率
		品牌宣传	主动宣传公司品牌，提升公司品牌在供应商、合作伙伴心中的形象
		合作伙伴管理	维护合作伙伴，为合作伙伴赋能

第四，专业能力模块。

专业能力模块的技能行为要项如表3-14所示。

表3-14 专业能力模块的技能行为要项（示例）

技能行为要项		含义
本专业和相关专业的能力要求	业务操作能力	有效完成自身工作，同时不断增加自身的专业深度与专业宽度
	成本意识	在保证正常工作状态和产品质量的前提下，通过控制成本、增加产出、优化流程等方式，使利润最大化
	项目管理	在公司的专题项目中担任重要角色，保证项目的顺利完成
	制度流程管理	熟悉公司的流程和制度，为了提升工作效率，积极优化公司的相关流程和制度
	数据分析	善于运用数据，通过数据分析发现问题、预判趋势、提出工作改善点，从而提高工作效率
	危机处理	预防危机事件的发生或者处理公司发生的危机事件
	各序列特有的能力包括：系统设计能力（软件工程师序列）、销售方案策划能力（销售序列）、采购需求管理（采购序列）、软件运维能力（软件运维工程师序列）、文档管理（行政序列）等	

技能行为要项		含义
底层能力要求	目标导向	有实现目标的强烈意愿，积极对目标进行计划和管理，为实现目标不懈努力
	计划制订与执行	习惯制订工作计划，确定关键事项或者任务的目标，并制订具体、可操作的行动方案；通过有效组织各类资源和安排任务优先顺序，保证计划高效、顺利地实施
	创新能力	关注身边的新技术、新方法和新事物，挑战传统的工作方式，推陈出新，在服务、技术、产品和管理等方面追求卓越，进行突破性创新
	学习能力	对新的信息、知识、经验、技能充满热忱，经常寻找机会进行学习、分享、实践，持续提升工作能力
	复盘能力	对工作事项自行进行复盘或者参加复盘会议，总结经验，为后续工作提供指导
	适应能力	面对工作内容或环境的重大变化，保持积极的心态，采取一切方式积极适应
	问题分析与解决能力	通过借鉴相关经验、运用相关工具及方法，及时、有效地确定问题、分析问题，并形成最佳解决方案

技能行为分级描述

分级描述是指对技能行为要项的具体要求进行分级别说明。分级描述对应各序列的职级晋升通道，通常一个技能行为要项会分3~5个级别进行描述，每个级别的难度都会比上一个级别高一个量级。决策能力的分级描述如表3-15所示。

表3-15 决策能力的分级描述（示例）

级别	关键词	行为描述	关键要素
1级	协助决策	在上级或他人做出决策前，充分收集相关信息，为上级或者他人提供关键证据	• 收集信息的方式 • 决策内容 • 关键证据
2级	说服他人	在讨论陷入僵局或者某一事项迟迟无法推进时，主动说服他人接受自己的观点，保证事项顺利推进	• 无法推进的原因 • 主动说服他人
3级	坚持立场	对一些例外事项或突发事件独立判断，做出正确决策，保证事项顺利推进	• 突发事件的影响 • 决策的判断依据 • 决策的内容及影响
4级	全面考虑	面对多个有竞争性的方案，全面考虑各方意见，细致分析影响因素，认真对比各个备选方案，及时做出决定	• 多个方案 • 全面考虑 • 决策内容
5级	长远规划	在复杂、模糊且风险很高的形势下，或在大多数人反对的情况下，坚持自己的观点，毫不犹豫地做出对组织有长远影响的有利决策	• 观点的内容与产生的背景 • 对组织有长远影响的原因

分级描述的内容

作为任职资格体系最核心的内容，分级描述分为两部分：核心项和辅助项。

（1）核心项

核心项包括关键词和行为描述两部分。

关键词是对每个级别要求的提炼，通常是一个短语，一般为2~6个字（可以略多）。通过这个短语，使用者可以清楚知道各个级别的核心要求。

行为描述是具体的行为要求，通常是一段或几段完整的句子，在描述时一般采用"行为动词+宾语"或"宾语+行为动词"的方式。

（2）辅助项

辅助项是指关键要素，也称关键评估要素。由于核心项中的行为描述是由一句或者几句话构成的，在实际操作中我们发现，即使描述内容足够清晰，不同人（普通员工、管理者、认证人等）在使用时仍然会对行为描述的侧重点产生不一样、不全面或者错误的理解。关键要素的作用就是解决这个问题，关键要素的内容应体现以下两个方面。

第一，提取行为描述中的关键点。通过关键要素列出技能行为要项中的所有关键点，从而确保公司的要求、员工的理解、员工上级的理解以及认证人的理解保持一致。比如针对行为描述"在上级或他人做出决策前，充分收集相关信息，为上级或者他人提供关键证据"，关键要素包括"收集信息的方式、决策内容、关键证据"三项。这里补充一点，关键要素可以是对行为描述中关键点的简单重复。

第二，对某些关键点进行补充说明。通过关键要素，企业可以对那些在词义上可能会引起误解或者不够明确的关键点进行二次解释，以使行为描述中的内容更容易被衡量。二次解释的方式有两种，一种方式是对某些关键点进行细化说明，比如重大问题、公司级建议、复杂问题、建设性意见（见表3-16）。另一种方式是量化，比如针对行为描述"带教新员工并使其获得职级提升"，关键要素需要针对"多长时间内带教多少人"进行补充说明，比如过去2年内不少于2人。

表3-16 某公司的关键点细化说明

序号	关键点	说明
1	关于"重大问题"	部门间：行为描述涉及部门间的问题，但如果某个问题同时影响到了另外一个或者更多之前没涉及的部门且影响较大，则属于重大问题； 部门内：行为描述仅涉及部门内的问题，但如果某个问题同时影响到了本部门之外的其他部门且影响较大，则属于重大问题
2	关于"公司级建议"	独立提出影响公司层面战略决策的建议，或者对总经理、EMT（经营管理团队）的决策产生重大影响的建议
3	关于"复杂问题"	复杂问题是指需要经过一定的思考分析或者需要协调其他人才能解决的问题
4	关于"建设性意见"	建设性意见是指对问题的解决产生了决定性影响的意见

需要特别说明的是，我发现很多公司在实际操作中经常出现行为描述和关键要素倒挂的现象（关键要素的内容更像行为描述），这是因为企业误解了关键要素的作用。

分级描述的"MUSIC"原则

为了使任职资格标准对工作更有指导性和引导性，在进行分级描述时，企业应该遵循"MUSIC"原则。

（1）Measurable——可衡量

可衡量有两个方面：①量化；②细化、可辨识的行为。

量化是指用数字表述，一般用在侧重结果的绩效指标上。而侧重能力的任职资格标准一般很难量化，因此这类标准的分级描述用的是细化、可辨识的行为，这一般包含三个要素：场景、行为、事项。其中，场景可以是明确的，也可以是隐含的，行为和事项必须是明确的。

例如，对于"人际网络管理"这个技能行为要项，第一个级别可以写成"清楚公司内部与自己工作相关的关键人员的信息"。这个描述里隐含了场景——与其他人员对接，隐含了行为——清楚，隐含了事项——关键人员的信息。

另外需要说明一下，虽然行为描述一般不用量化的方式，但是关键要素是可以用量化的方式进行补充说明的。

（2）Upgrade——差距化

职级的晋升是在员工能力有了较大程度提升的情况下发生的，所以细微的差距不能区分两个不同层级。比如，"人际网络管理"这个技能行为要项，如果第一级写的是"清楚公司内部与自己工作相关的关键人员的信息"，第二级写的是"清楚内部关键人员的岗位职责"，那么这种差距是不够的。

（3）Specific——明确的

很多公司在写分级描述的时候，经常会用到一些看似很明确，但实际上含义很模糊的词语，这主要有四类。

第一类是程度词，比如"一定""较强""非常强""及时""准确""一般""重大"等。这些程度词看起来很有层级感，但是当员工使用时，或者企业对员工进行评价时会出现问题，企业难以界定员工做到什么程度就达到了要求。

第二类是组织规模类词语，比如"参加部门级会议"。这里的部门指的是一级部门还是二级部门？是少部分人参与就可以叫部门级会议，还是所有人参与才能叫部门级会议？

第三类是专用词语，比如"组织健康""新媒体"等词语。部分人可能清楚其含义，但是这并不意味着所有人都清楚。

第四类是缩写词语，很多公司或者行业都会用一些缩写词语（包括中文和英文），比如"交期"、"PM"（项目经理）、"ROI"（投资回报率）等，这些缩写词语跟专用词语的问题是一样的。

上述几类词语在任职资格标准的行为描述中尽量不要出现。

（4）Important——重要的

这里的"重要"是指行为描述的内容是工作中的重要事项，而不是所有事项。根据"二八原则"，重要事项是指工作中影响力和价值排在前20%的事项。

例如，要求员工"早上到办公室后擦桌子"不属于重要事项，但是如果改成"每天早上到办公室后，对昨天的工作进行复盘，并制订今天的工作计划"，这就是重要事项。

（5）Challengeable——挑战性

这里的挑战性一般是指员工需要付出一定的努力，"跳一跳"才能完成的事项。在工作中，员工有很多行为属于"躺赢"，这些行为是不能作为任职资格标准的。常见的"躺赢"事项包括两类。

一类是肯定能完成的事项，比如人力资源岗位的工作要求是"及时发放工资"，这属于员工肯定能完成的事项，因为每个公司的工资发放日期是确定的，只有公司高层才能决定是否延迟发放工资。

另一类是很容易完成的事项，比如"人际网络管理"这个技能行为要项，如果第一级写的是"熟悉本团队内部人员"，那么这个描述虽然比较有意义，但是员工不需要做什么就可以顺其自然地完成。

分级描述中的三组行为描述方式

在分级进行行为描述时，有三组行为描述方式非常关键。

（1）第一组：表面行为与底层行为

表面行为指的是某岗位表现出来的显性行为，通常情况下，岗位职责说明书上的内容大部分都是表面行为。表面行为如果作为任职资格标准，通常仅适用于单个岗位。

以人力资源序列为例，人力资源序列的专业能力用表面行为来描述，可以分为六大模块，其中薪酬管理的分级描述如下：

- 1级——在他人的指导下完成薪酬计算。
- 2级——独立完成薪酬计算。
- 3级——可以指导他人完成薪酬计算。
- 4级——可以进行薪酬数据分析。
- 5级——可以建立薪酬体系。

这种行为描述方式只能用于薪酬管理岗位，同序列中的其他岗位基本不能用这个描述中的内容。

底层行为指的是表面行为背后的行为逻辑，用这个行为逻辑做出的分级描述适用于同序列内的大部分岗位。还以人力资源序列为例，其分级描述如下：

- 1级——在他人的指导下完成工作。

- 2 级——独立完成工作。
- 3 级——可以指导他人完成工作。
- 4 级——可以进行工作分析。
- 5 级——可以建立专业体系。

这样的描述适用于人力资源序列内的所有岗位。

以序列为对象的任职资格标准应该多使用底层行为，少用表面行为。但是这并不是说企业完全不能用表面行为，在以下情况下，企业可以利用表面行为来进行分级描述：

- 整个序列内只有一个岗位，或者序列内某个表面行为对所有岗位来说都是通用的。
- 某个岗位的某个行为对该岗位来说非常重要，但是其他岗位完全用不到这个行为（在这种情况下，其他岗位该如何对待该行为？请参考后文"职级—任职资格标准对照表"）。

（2）第二组：宽带行为与窄带行为

宽带行为是指内容指向比较宽泛。例如，某个技能行为要项的描述是"对现有资源做出有效安排，合理分工"，这种描述似乎问题不大，但是如果让员工按照这个描述来操作，员工就会产生疑问："什么是有效的，什么是合理的？我做出的行为不都是有效、合理的吗？"此类描述基本都是无效的。另外，如果用这类技能行为要项来评价员工，那么"有效、合理"这两个概念在不同认证人那里有不同的含义，不统一的衡量标准会带来评价结果的不公平。一般来说，不符合

"MUSIC"原则中的"可衡量"和"明确的"这两个原则的行为描述，都属于宽带行为。

与宽带行为相对应的窄带行为是指行为指向有明确边界。比如，上述技能行为要项的描述可以改成"在不增加资源的情况下，带领团队提前完成A类产品的开发"。这里我们可以看到，公司明确说明了"不增加资源""提前完成""A类产品"，这些描述都是有明确的界限的。基于这种描述，员工在实际操作的时候知道该如何做，认证人在评价的时候也知道侧重点是什么。

任职资格标准的分级描述应该多用窄带行为，尽量少用宽带行为。但是宽带行为也并非完全不能用，宽带行为对于自驱力比较强的员工来说还是有较大价值的，因为这类员工只需要一个大概的方向就会尽量做到最好。通常情况下，可以使用宽带行为的对象有两个：

- 职级比较高的专业员工和职位比较高的管理人员。
- 任职资格体系相对成熟的公司。

（3）第三组：操作型行为与能力型行为

操作型行为是指完全按照标准流程操作。操作型行为在执行过程中基本不需要员工具备太多的能力，且不会给员工带来能力的提升。能力型行为刚好相反，员工需要充分发挥个人的能力才能更好地完成工作，同时在这个过程中员工会有能力的提升。

以文档管理岗位为例，如果行为描述仅仅是"严格按照流程完成文档的收集、编号、归档工作"，那么这属于操作型行为；但是如果描述为"严格按照流程完成文档的收集、编号、归档工作，并在此过程中收集文档管理问题，改善文档管理流程"，那么这属于能力型行为。

分级描述应该体现的是能力型行为，而非操作型行为。

分级描述内容的提取方法

（1）分级描述内容的三种提取方式

分级描述内容的提取方式有三种——演绎法、对标法和归纳法。演绎法是指基于事物发展的内部规律，通过逻辑推导的方式形成对不同级别的要求。对标法是指研究标杆企业的实践并对其进行一定程度的内化，之后形成对不同级别的要求。归纳法是指对公司优秀员工的表现进行归纳总结，常采用的方式是对优秀员工进行行为事件访谈。三种方式的优缺点如表3–17所示。

表3–17　三种分级描述内容提取方式的优缺点

方式	优点	缺点
演绎法	有逻辑，更符合员工行为的发展规律，不限于现有员工的特性	提取的内容可能会比较理想化，与公司的发展需求不一致
对标法	优秀企业的做法是经过实践检验的	难以拿到标杆企业全面且具体的资料，且标杆企业的一些要求未必适合本企业
归纳法	更符合本公司的实际情况	公司现有员工中很难有符合所有级别要求的员工； 因为是对当前员工表现的总结，可能对未来的引领性不足； 可能现有人员大部分都是高职级，这不利于他们的提升

虽然这三种方式都可以单独使用，但是基于它们的优缺点，同时根据多年的实践总结，我认为最佳使用方式是：以演绎法为核心，结合归纳法和对标法（在能获取相关资料的情况下）对分级描述内容进行提炼。

（2）演绎法的基本逻辑

针对任职资格标准，企业可以从三个维度思考员工行为的演绎逻辑：员工在该行为中担任的角色，该行为的影响程度或范围，该行为代表的工作内容。针对这三个维度，这里总结了常用的演绎逻辑（见图3-13）。

在进行分级描述时，针对同一个技能行为要项，企业可以只用上述一个维度，也可以将多个维度结合使用。

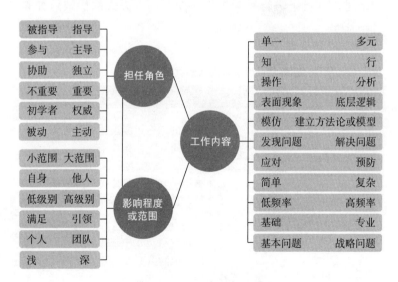

图3-13 常用的演绎逻辑

（3）实际操作中使用的分级描述内容提取方法：行为地图法

在实际操作时，分级描述的内容可以通过行为地图法提取。行为地图法的整个过程分为七步。

第一步：明确技能行为要项的关键内涵，并思考分级描述的逻辑与内容（尽量穷尽）。

这一步的目的是澄清技能行为要项的含义，并对可能的分级描述逻辑进行初步思考。企业在思考分级描述的逻辑时，可以结合实际需要并参考演绎法的基本逻辑。

以某公司的"人际网络管理"这个要项为例，人际网络管理一般是指维护好相关的人际关系、建立人际网络。这里的人际网络既包括内部人际网络，也包括外部人际网络，既包括当前可以产生作用的人际网络，也包括未来可能产生作用的人际网络。

第二步：罗列所有行为。

在第一步的基础上，结合实际工作需要，企业可以从以下三个维度列出某个技能行为要项的行为要求（必要的情况下可以参照演绎法的逻辑，对罗列出的行为要求进行演绎，找出更多行为要求）。

- 对刚入职员工的要求（1 ~ 2 年工作经验）。
- 对正常适岗员工的要求（3 ~ 5 年工作经验）。
- 对能力非常强（可以作为标杆）的员工的要求。

仍然以"人际网络管理"这个要项为例，员工的行为要求可能包括：

- 了解部门内部人员的工作职责。
- 结交各级别内部人员。
- 结交各级别外部人员。
- 通过各种办法建立优质的人际网络。
- 建立暂时不用但是将来可能会用的人际关系。
- 定期记录外部人际网络信息。

第三步：筛掉明显不合格的行为。在上一步的基础上，去除以下行为：

- "躺赢"行为。
- 无法完成的行为。
- 价值不大的行为。
- 公司当前不需要或者不提倡的行为。

继续以"人际网络管理"要项为例，在上文罗列的行为要求中，"了解部门内部人员的工作职责"属于"躺赢"行为，"定期记录外部人际网络信息"属于价值不大的行为，这两个行为可以去掉。

第四步：归类形成行为地图。

从行为执行的难易程度以及行为价值的高低这两个维度出发，将所有行为归类放入四个象限，形成如图3-14所示的行为地图。

以"人际网络管理"要项为例，将筛选后的行为归类放入四个象限，结果如图3-15所示。

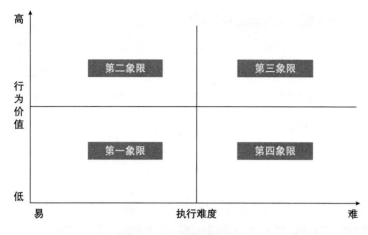

图3-14　行为地图模板

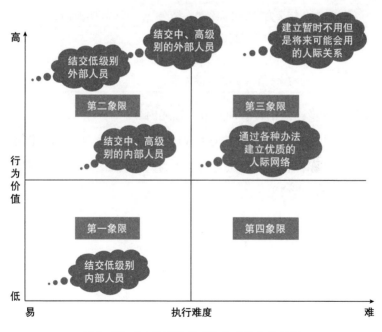

图3-15　"人际网络管理"要项的行为地图

第五步：初步确定各级别的描述内容。

由于归入第四象限的行为价值不高且执行难度很大，因此第四象限的行为可以抛弃不用。按照"第一象限对应低级别、第二象限对应中级别、第三象限对应高级别"的基本原则，初步确定各级别的描述内容。

"人际网络管理"要项初步确定的分级描述内容如表3-18所示。

表3-18　初步确定"人际网络管理"要项的分级描述内容

级别	行为描述
1级	结交低级别内部人员
2级	结交低级别外部人员；结交中、高级别的内部人员
3级	结交中、高级别的外部人员
4级	通过各种办法建立优质的人际网络；建立暂时不用但是将来可能会用的人际关系

第六步：修正各级别的最终描述内容。

在初步确定的分级描述内容的基础上，结合实际工作场景、外部标杆企业的做法、内部优秀人员的做法，进行以下修正并形成最终结果。

- 参考"MUSIC"原则修正分级描述内容。
- 结合演绎法的逻辑，对部分描述进行演绎。
- 在有多个行为选择的情况下，根据实际场景选择价值较大的行为或者保留多个行为。

修正后，最终确定的"人际网络管理"要项的分级描述内容如表3-19所示。

表3-19　最终确定的"人际网络管理"要项的分级描述内容

级别	关键词	行为描述
1级	内部关键人员识别	熟悉OA（自动化办公系统）联系人，掌握负责内部各项工作和产品的关键人员的信息
2级	内部关系维护	在日常工作中，主动同负责内部各项工作和产品的关键人员进行沟通（可以是工作上的，也可以是非工作上的），联络感情
3级	外部关系建立	了解与工作相关的现有外部资源的信息，并同关键人员建立联系，保证外部资源随时可用
4级	人际网络拓展	形成维护外部人际网络的方法，主动结交公司未来可能需要的外部关键人员，并与其建立长期联系

第七步：补充关键要素。

在上一步的基础上，提取关键要素，形成完整的分级描述内容（见表3-20）。

表3-20　完整的"人际网络管理"要项的分级描述内容

级别	关键词	行为描述	关键要素
1级	内部关键人员识别	熟悉OA联系人，掌握负责内部各项工作和产品的关键人员的信息	明确说出关键人员的信息
2级	内部关系维护	在日常工作中，主动同负责内部各项工作和产品的关键人员进行沟通（可以是工作上的，也可以是非工作上的），联络感情	沟通的方式与频率；同关键人员的关系情况；主动

级别	关键词	行为描述	关键要素
3级	外部关系建立	了解与工作相关的现有外部资源的信息，并同关键人员建立联系，保证外部资源随时可用	同外部关键人员建立联系；不出现所需资源不到位的情况
4级	人际网络拓展	形成维护外部人际网络的方法，主动结交公司未来可能需要的外部关键人员，并与其建立长期联系	维护人际网络的方法；每年主动结交的人数不少于4个

分级描述样例点评

接下来，我们对几个实际案例进行点评，以充分理解如何做出有效的分级描述。

如表3-21所示，"商机评估"要项（1级）存在的问题是描述过于简单。

表3-21 "商机评估"要项（1级）的原始描述

商机评估	关键词（1级）	行为描述（1级）
	明确需求	理解商机需求

改进点说明：

- 行为描述应该是一段或者几段完整的话，应详细说明企业对员工的工作行为要求。
- 将行为描述单独展示给员工，员工仍然可以明白自己如何做才能达到这个要求。

"商机评估"要项（1级）的改进如表3-22所示。

表3–22　"商机评估"要项（1级）的改进

	关键词（1级）	行为描述（1级）
商机评估	明确需求	在获取客户的初步需求后，通过沟通或其他方式明确客户需求的关键点，包括但不限于：需求产生的原因、进度安排、客户需求的核心要点、满足需求的评价标准与评价方式、关键决策人等

如表3–23所示，"构想解决方案"要项存在的问题是，"合理"这个词语不够明确，不符合"MUSIC"原则中的"明确的"原则。

表3–23　"构想解决方案"要项的原始描述

构想解决方案	关键词（4级）	行为描述（4级）
	合理选择	了解如何合理地选择产品方案

改进点说明：任职资格标准中的分级描述是员工工作行为的参照或者要求，因此在描述时管理者应从以下角度考虑。

- 跳出自己的思维，站在使用者的角度进行描述。
- 尽量使员工在看到之后就知道该如何做。
- 尽量不出现含义不明确的词语。

"构想解决方案"要项的改进如表3–24所示。

表3–24　"构想解决方案"要项的改进

构想解决方案	关键词（4级）	行为描述（4级）
	合理选择	了解公司所有产品的逻辑，结合产品逻辑引导客户选择产品方案

如表3-25所示，"方案管理"要项存在的问题是，行为描述不符合"MUSIC"原则中的"挑战性"原则。因为"参与方案制订过程"是相关岗位的员工在工作中肯定会接触的事项，对员工来说是"躺赢"行为，这样的内容作为任职资格标准是没有价值的。

表3-25　"方案管理"要项的原始描述

方案管理	关键词（1级）	行为描述（1级）
	方案制订	参与方案制订过程

改进点说明：任职资格标准应该引导员工的工作行为。

- 任职资格标准应该是各级别的员工通过一定的努力才能达成的。
- 在进行行为描述时，企业应适当地带有"坏人思维"，想象一个员工如果为了晋升钻空子，可能会怎么做。

"方案管理"要项的改进如表3-26所示。

表3-26　"方案管理"要项的改进

方案管理	关键词（1级）	行为描述（1级）
	方案制订	参与方案的制订，并在他人指导下承担项目的一部分工作

如表3-27所示，"方案建议"要项存在的问题是，表面上看这三个层级之间的差异比较明显，但是实际上该描述不符合"MUSIC"原则中的"差距化"原则。在实际工作场景中，不

鼓励企业提出没有价值的建议。

表3-27 "方案建议"要项的原始描述

	1级		2级		3级	
	关键词	行为描述	关键词	行为描述	关键词	行为描述
方案建议	提出建议	针对工作中的问题提出建议	建议被采纳	针对工作中的问题提出建议并被采纳	建议被采纳并落地	针对工作中的问题，提出建议并被采纳和落地

改进点说明：

- 职级的晋升一般代表着员工能力有了较大的变化甚至是质变，因此两个能力等级之间应该有较大差异。
- 任职资格标准应该对实际工作有意义，否则可能会浪费员工的精力。

"方案建议"要项的改进如表3-28所示。

表3-28 "方案建议"要项的改进

	1级		2级		3级	
	关键词	行为描述	关键词	行为描述	关键词	行为描述
方案建议	自身工作建议	针对自身工作中的问题，提出改进建议并被采纳和落地	团队内部建议	在同团队其他人合作时，针对其他人工作中的问题，提出改进建议并被采纳和落地	跨团队建议	在跨部门协作中，针对其他部门工作中的问题，提出改进建议并被采纳和落地

如表3-29所示,"专业洞察"要项存在两个问题:一个是关键词跟行为描述的关联度不大;另一个是关键词过多。

表3-29 "专业洞察"要项的原始描述

专业洞察	关键词（3级）	行为描述（3级）
	了解业界近期产生的新技术	熟悉两个及以上专业范畴,能为大型综合性需求制订相应方案

改进点说明:关键词是对行为描述的高度提炼,关键词的基本要求如下。

- 关键词应与行为描述高度对应,员工通过关键词可以大致了解行为描述的核心要点。
- 关键词应尽量精简,一般字数在2～6个（可以略多）。

另外需要说明的是,关键词与行为描述一样,是对员工的正向引导,不建议出现"禁止""不要"等负面词语。

"专业洞察"要项的改进如表3-30所示。

表3-30 "专业洞察"要项的改进

专业洞察	关键词（3级）	行为描述（3级）
	多专业能力	熟悉两个及以上专业范畴,能为大型综合性需求制订相应方案

如表3-31所示,"商机评估"要项（5级）存在的问题是,行为描述相对简单,而关键要素却非常丰富,这是典型的主次不分。

表3-31 "商机评估"要项（5级）的原始描述

	行为描述（5级）	关键要素（5级）
商机评估	配合销售，引导客户成单	1. 调整客户需求与公司技术、产品的契合度； 2. 挖掘系统规划及业务易用性等拓展性需求； 3. 获得最终认可

改进点说明：

- 关键要素的作用是使员工和评估者掌握行为描述的重点，因此关键要素是对关键点的强调或补充，关键要素中的核心词语必须体现在行为描述中。

- "行为描述+关键要素"可以让员工更加明确自己该如何做，做哪些核心动作，做到什么程度。

- 关键要素应尽量简洁。

"商机评估"要项（5级）的改进如表3-32所示。

表3-32 "商机评估"要项（5级）的改进

	行为描述（5级）	关键要素（5级）
商机评估	配合销售，挖掘系统规划及业务易用性等拓展性需求，并基于此调整公司技术和产品与客户需求的契合度，最终赢得客户认可	1. 挖掘； 2. 基于挖掘结果调整契合度； 3. 赢得客户认可——成单

序列内各岗位的任职资格标准

有了职级晋升通道和分级描述，接下来企业需要解决三个问题：分级描述的内容和职级晋升通道中的各职级是如何对应的？同一序列内不同岗位的任职资格标准有差异吗？一个大职级内的小职级之间的差异如何体现？

要想回答这些问题，企业首先需要弄清楚分级描述的级别与职级晋升通道中各职级之间的关系。

分级描述的级别与职级晋升通道中各职级之间的关系

要想说明两者的关系，企业需要先理解这两者针对的对象。根据前文的内容，我们知道分级描述是对技能行为要项的分级别要求，而职级晋升通道中的职级是员工在公司的成长阶梯，所以前者是对技能行为要项的分级，而后者是对人的能力的分级，两者针对的对象是不同的。由此可见，这两者之间不是完全对应的关系。

在实际操作时，岗位的职级晋升通道通常有5～6个级别（个别为3～4个），而员工的技能行为要项级别通常为4～5个（4个居多，因为一般情况下5级相当于行业专家，大多数公司的多数序列其实是不需要这一级别的），在数量不对等的情况下，两者是很难一一对应的。如何解决这个问题呢？这就用到了"职级—任职资格标准对照表"。

职级—任职资格标准对照表

"职级—任职资格标准对照表"也就是各职级与任职资格

标准中的分级描述之间的对照关系表。如表3-33所示，表头的P1、P2、P3、P4、P5代表的是职级晋升通道中的级别，表格中的1、2、3、4代表的是分级描述的级别。

表3-33　职级—任职资格标准对照表（示例1）

技能行为项		招聘专员				
模块	项目	P1	P2	P3	P4	P5
战略意识		1	1	2	3	4
客户导向	业务理解	1	2	2	3	4
	业务贡献	1	2	2	3	4
	市场洞察	1	2	2	3	4
影响力	教练能力	—	1	1	2	3
	文化建设	1	2	3	3	4
	知识管理	1	2	3	4	4
	雇主品牌打造	2	2	2	3	4
	沟通协调能力	1	2	3	3	4
	组织氛围影响	1	2	2	3	3
	团队协作	1	2	2	3	3
专业能力	业务操作能力	1	2	3	4	4
	项目管理	1	1	2	3	4
	制度流程管理	1	1	2	3	4
	资源整合开发	1	2	3	4	4
	数据分析	1	2	3	4	4
	风险管理	2	2	3	3	4
	学习能力	1	2	3	3	4

"职级—任职资格标准对照表"可以将合适的分级描述对照到相应的职级上，也可以解决职级数量和分级描述数量不同

以及有些技能行为要项仅被序列中部分岗位需要的问题。

"职级—任职资格标准对照表"的确定需要考虑岗位要求、公司未来发展的需要以及岗位职责，企业可以参考以下两个标准：

- 在当前员工中，只有少数人可以达到高级别，这可以为大部分员工提供未来一段时间内的发展空间。
- 职级的晋升一般代表着员工的能力有了较大提升，因此相邻两个职级的技能行为要项的差别应该在50%以上（也就是说，如果有20个技能行为要项，那么其中至少有10个是有差异的）。

同一序列内的不同岗位之间如何体现差异

根据序列的定义，同一序列内所有岗位对核心知识和技能的要求基本是相同的，但是员工所要掌握的知识和技能的程度可能有所差别，企业怎样体现这种差别呢？

"职级—任职资格标准对照表"也可以体现这种差别，具体操作方式如表3–34所示。

表3–34　职级—任职资格标准对照表（示例2）

技能行为项		招聘专员					培训专员				
模块	项目	P1	P2	P3	P4	P5	P1	P2	P3	P4	P5
战略意识		1	1	2	3	4	1	2	3	3	4
客户导向	业务理解	1	2	2	3	4	2	2	3	4	4
	业务贡献	1	2	2	3	4	1	2	2	3	4
	市场洞察	1	2	2	3	4	1	2	3	3	4

技能行为项		招聘专员					培训专员				
模块	项目	P1	P2	P3	P4	P5	P1	P2	P3	P4	P5
影响力	教练能力	—	1	1	2	3	1	2	2	3	4
	文化建设	1	2	3	3	4	1	2	3	4	4
	知识管理	1	2	3	4	4	2	2	3	3	4
	雇主品牌打造	2	2	3	4	4	1	2	2	3	4
	沟通协调能力	1	2	3	3	4	1	2	3	3	4
	组织氛围影响	1	2	2	3	3	1	2	2	3	3
	团队协作	1	2	2	3	3	1	2	2	3	3
专业能力	业务操作能力	1	2	3	4	4	1	1	2	3	4
	项目管理	1	1	2	3	4	1	1	2	3	4
	制度流程管理	1	2	3	3	4	1	2	2	3	4
	资源整合开发	1	2	3	4	4	1	2	3	3	4
	数据分析	1	2	3	4	4	1	1	2	3	4
	风险管理	2	2	3	3	4	1	2	2	3	4
	学习能力	1	2	3	3	4	1	2	3	3	4

小职级的对应问题

前文讲的是大职级的对应关系，如果大职级下又划分了小职级，那么企业怎样体现小职级之间的差异呢？这主要有三种方式。

（1）方式一：细化"职级—任职资格标准对照表"

企业将大职级的"职级—任职资格标准对照表"进一步细化，便可以得到小职级的"职级—任职资格标准对照表"，从而体现小职级之间的差异（见表3-35）。

表3-35　小职级的"职级—任职资格标准对照表"（示例）

技能行为项		招聘专员								
模块	项目	P1			P2			P3		
		C	B	A	C	B	A	C	B	A
战略意识		1	1	1	1	1	1	2	2	2
客户导向	业务理解	1	1	2	2	2	2	2	3	3
	业务贡献	—	1	1	2	2	2	2	2	2
	市场洞察	1	1	1	2	2	3	3	3	3
影响力	教练能力	—	—	1	1	2	2	3	3	3
	文化建设	1	1	1	2	2	2	3	3	3
	知识管理	—	1	1	2	2	2	3	3	4
	雇主品牌打造	—	1	1	2	2	3	3	3	3
	沟通协调能力	1	1	2	2	2	2	3	3	3
	组织氛围影响	—	1	1	2	2	2	2	2	2
	团队协作	1	1	2	2	2	2	2	2	2
专业能力	业务操作能力	1	1	2	2	2	3	3	3	4
	项目管理	1	1	1	1	2	2	2	2	3
	制度流程管理	1	1	1	1	2	2	2	2	3
	资源整合开发	1	1	1	2	2	3	3	3	3
	数据分析	—	1	1	2	2	3	3	4	4
	风险管理	1	1	2	2	2	3	3	3	4
	学习能力	1	1	2	2	2	3	3	3	3

注：A、B、C代表P1、P2等大职级下的小职级。

（2）方式二：设置权重

通过设置权重，企业也可以体现小职级之间的差异。如表3-36所示，级别1、2代表的是大职级对应的分级描述级别，A、B、C代表的是小职级，表中的百分比代表的是不同小职级在各个技能行为要项上的权重。

表3-36　小职级的权重设置

技能行为项		招聘专员							
模块	项目	P1				P2			
		级别	C	B	A	级别	C	B	A
战略意识		1	5%	5%	5%	1	2%	2%	2%
客户导向	业务理解	1	5%	5%	5%	2	10%	5%	5%
	业务贡献	1	0	5%	5%	2	2%	2%	5%
	市场洞察	1	5%	5%	5%	2	2%	5%	5%
影响力	教练能力	1	0	0	5%	2	2%	6%	5%
	文化建设	1	5%	5%	5%	2	5%	5%	5%
	知识管理	1	0	0	5%	2	2%	5%	5%
	雇主品牌打造	2	5%	5%	5%	2	5%	5%	5%
	沟通协调能力	1	10%	5%	5%	2	7%	10%	10%
	组织氛围影响	1	0	0	5%	2	5%	5%	5%
	团队协作	1	10%	5%	5%	2	5%	5%	5%
专业能力	业务操作能力	1	10%	10%	10%	2	10%	10%	8%
	项目管理	1	10%	10%	5%	1	5%	5%	5%
	制度流程管理	1	5%	10%	5%	2	8%	5%	5%
	资源整合开发	1	10%	10%	10%	2	5%	5%	10%
	数据分析	1	0	10%	5%	2	10%	5%	5%
	风险管理	2	10%	5%	5%	2	5%	10%	5%
	学习能力	1	10%	5%	5%	2	10%	5%	5%

（3）方式三：确定适岗度

适岗度即员工适合某岗位的程度。在任职资格标准相同的情况下，企业采用不同的适岗度标准也可以体现小职级之间的差异。适岗度通常有两种表达形式。

形式一：达标率，即达标项目的占比。比如有些公司规定：员工的达标率为75%可晋升至C，达标率为90%可晋升至B，达标率为100%可晋升至A。假如总共有20个项目，员工需要有15项符合要求才可以晋升至C，有18项符合要求才可以晋升至B，20项全部符合要求方可晋升至A。

形式二：得分率，即对每个任职资格标准赋予积分，并确定得分标准，那么实际得分占总分的比例就是得分率。比如有些公司规定：员工的得分率为75%可晋升至C，得分率为90%可晋升至B，得分率为100%可晋升至A。假如总分为20分，员工需要得到15分才可以晋升至C，得到18分才可以晋升至B，得到20分才可以晋升至A。

在三种小职级对应方式中，一般建议企业采用第三种方式，也就是确定适岗度。

概念澄清

在管理中，有一些概念容易同任职资格标准混淆，这里来做一下澄清。

任职资格标准与岗位职责

岗位职责的主要表现形式是岗位职责说明书，岗位职责说明书是企业管理中的基础文件，常规的岗位职责说明书中既有岗位的基本任职要求，也有针对工作责任的具体描述。在实际使用时，任职资格标准容易同这两个方面混淆。

（1）任职资格标准与岗位职责说明书中的任职要求

岗位职责说明书中的任职要求一般包括学历、专业、工作经验、知识和技能，这个任职要求和任职资格标准的区别主要表现在三个方面：

- 岗位职责说明书中的任职要求是员工胜任该岗位工作的最低要求，而任职资格标准随着员工职级的提升会逐步提高。
- 岗位职责说明书对知识和技能的描述一般比较宽泛，而任职资格标准的描述相对详细，针对性更强。
- 岗位职责说明书中的任职要求是针对单个岗位的，而任职资格标准是针对序列的。

（2）任职资格标准与岗位的具体职责

相对于岗位职责说明书中的任职要求，任职资格标准在一定程度上更像是岗位的具体职责，但两者之间有明显不同，主要体现在以下几点：

- **目的不同**：岗位职责的目的是界定工作边界；而任职资格标准的目的是提升员工能力，使其为公司创造更大的价值。
- **针对的对象不同**：岗位职责针对的是单个岗位，比如原材料采购岗的岗位职责不能用于辅料采购岗；而任职资格标准针对的是一系列职能定位、知识或技能相似的岗位，所以采购序列的任职资格标准既适用于原材料采购岗，也适用于辅料采购岗。

- **内容不同**：岗位职责描述的是一个岗位的工作内容，不含工作程度的分级；而任职资格标准描述的是工作程度的分级。单从这方面来说，两者之间有点像总分关系。

- **内容来源不同**：岗位职责源于员工实际需要完成的工作；而任职资格标准源于员工完成这些工作所需要的能力。

- **内容覆盖面不同**：岗位职责描述的主要是员工表面需要做完的工作；而任职资格标准描述的是员工完成工作所需要的综合能力，除了专业能力，还包含一些为了更好地完成工作而应具备的其他能力，比如沟通能力、人际网络管理能力等。

我们可以看出，从管理的角度看，任职资格标准与岗位职责其实是相辅相成的。

任职资格标准与胜任力（能力素质）

胜任力（能力素质）是最容易同任职资格标准混淆的概念，实际上两者之间既有相同点，也有不同点。

（1）相同点

- 两者的底层逻辑是一样的，都代表员工胜任某个岗位的能力。

- 两者在具体描述中都会采用分级描述的方式，并且都强调用行为来代表能力。

- 在具体使用上，两者都可以用来评价员工。

（2）不同点

- 任职资格标准对接的是职级（比如我们常说的P1、P2、P3、P4、P5），而胜任力对接的是整个岗位。比如对于绩效管理这个岗位，胜任力指的是员工胜任绩效管理这个岗位应具备的能力，而任职资格标准指的是员工胜任绩效管理岗位上P1、P2、P3、P4、P5各职级应具备的能力。
- 任职资格标准强调的是"知不等于会，会不等于做"，也就是说员工有能力但是没有表现出来，任职资格标准是不承认的，没有表现出来的行为是无法为公司创造价值的；而胜任力强调的是"知"和"会"，也就是说员工具备胜任这个岗位的能力就可以了，不一定要表现出来。
- 为了判断员工能否胜任某岗位，胜任力在描述上偏向宽带行为；而任职资格标准主要是为了帮助企业判断员工能否晋升至某一级别，在描述上偏向窄带行为。

（3）从胜任力到任职资格标准的转化

结合以上相同点和不同点，我们会发现作为能力标准，两者其实没有本质的不同。在实际使用的时候，如果企业忽略宽带行为和窄带行为的区别，那么两者是可以相互转化的。

如何转化呢？这就要从胜任力的描述方式上来说明了，胜任力常用的描述方式有两种。

方式一：统一描述。统一描述是指对胜任力的具体要求采用统一的、不分级的行为语言进行描述。

例如，胜任力项目"创新能力"的行为描述为：

- 以用户价值为依据，对众多创新观点充分论证，准确识别最有效的创新想法，并将其分解为明确的目标和行动计划，推进创新价值的实现。

- 敢于打破常规，提出全新的、有别于竞争对手的做法，在商业模式、产品、服务、技术、专业职能等领域进行原创性创新。

- 借力产业链资源，推动商业模式、产品、服务、技术、专业职能等领域的整合式创新。

在这种方式下，所有行为描述的级别是一致的，这时候企业可以用得分结果来确定职级。

比如，某公司采用5分制，规定2.5～3分（含下不含上，下文同）为P1级，3～3.5分为P2级，3.5～4分为P3级，4～4.5分为P4级，4.5分以上为P5级。该公司共有10个胜任力项目，员工刘路处于P2级，想要晋升至P3级，在对所有胜任力项目打分之后，刘路的最终得分为3.6分，那么刘路可以晋升至P3级。

方式二：分级描述。分级描述是指对胜任力的具体要求采用从低到高或者从易到难的行为语言进行描述。

例如，胜任力项目"沟通协调"的行为描述为：

- 1级：不受影响。在他人施压或者不认同的情况下，坚持自己的看法；对他人的不合理要求和主张，敢于拒绝。

- 2级：表明观点。对某个想要表达的观点或要求，从多个角度列举多种论据进行说明；当不同意他人的观点和看法时，直接、及时地表明不同意见。

- 3级：换位思考。预估自己的行动或决定可能会对别人产生什么影响，经过周密思考和提前准备，再采取行动；根据对方的关注点，把握时机，灵活选择适合对方的沟通方式。
- 4级：激发潜力。通过多种方式调动他人发掘自身潜力，从而激发他人采取行动或做出多赢的决定。

在这种情况下，企业只需要将胜任力的分级描述对应到相应的职级上即可。

任职资格标准提取中常见的问题

在提取任职资格标准的过程中，企业经常会遇到各种细节问题，为了使任职资格标准更好地落地执行，针对其中一些细节问题及解决办法，下文将一一探讨。

管理序列的任职资格标准需要包含专业能力吗

可能有人注意到，前文提到的管理类岗位任职资格标准模型，不管是"管理五维度"模型还是重新组合后的"管理五模块"模型，都没有"专业能力"模块，而胜任力模型中是有专业能力的。那么管理序列的任职资格标准需要包含专业能力吗？

不需要专业能力的理由

我们先来讨论管理序列的任职资格标准不需要专业能力的情况。首先要澄清一下的是，这里说的是管理序列的任职资格标准不需要专业能力，而不是管理者不需要专业能力。管理序列的任职资格标准不需要专业能力的理由如下：

- 从管理者的成长历程看，对于大部分公司来说，员工在专业能力达到一定程度后才能转入管理岗位。在转入管理岗位之前，员工的专业能力通常已经达到公司要求了；在转入管理岗位后，员工的核心工作是管理或者领导团队达成目标，专业能力的发展是次要的。
- 从发展的角度看，随着级别的上升，管理者需要管理的员工会越来越多，员工的（专业）构成也会越来越复杂。如果企业要求管理者掌握所有的专业能力，那么这会让管理者力不从心。
- 从管理者胜任岗位的角度看，只要公司有管理团队的要求，那么管理者为了更好地管理员工，会根据需要自行提升专业能力，企业没有必要单独要求。

需要专业能力的理由

管理序列的任职资格标准需要专业能力的理由如下：

- 员工晋升到管理岗位并不意味着其专业能力已经达到了较高的水平，从更好地管理员工的角度看，管理人员需要持续提升专业能力。

- 随着管理级别的提高，管理者需要管理的员工会越来越专业，在低级别管理岗位上习得的专业能力已经无法支持管理者管理这些高级别人员了，所以管理者需要提升自身的专业能力。

在实际操作中，对于大部分公司来说，管理序列的任职资格标准是不需要专业能力的，但是企业如果有特殊需要，那么也可以加入专业能力。

技能行为要项各模块都要有相应的内容吗

前文提到的参考模型更多是为了使企业在提取任职资格标准时有更全面的思考维度。在实际提取时，某个模块是可以没有内容的，但是建议每个模块都有相应的内容。

当有些技能行为要项可以归入多个模块时怎么办

很多公司在提取技能行为要项时发现，有些技能行为要项可以归入多个模块，比如"项目管理"这个技能行为要项既可以归入影响力模块，也可以归入专业能力模块，那么它最终归入哪个模块呢？

关于这个问题，企业不用过于纠结，因为就像上一个问题所说的，模块的存在更多是为了让企业在提取任职资格标准时有更全面的思考维度。其次，如果必须归类，那么技能行为要项代表的工作内容中哪个模块的比重较大，就将其归入哪个模块。

要将所有工作内容都放入任职资格标准吗

有些公司在提取任职资格标准时，试图将岗位职责中的所有内容都涵盖进来，最终将任职资格标准变成了岗位职责或者序列内所有岗位职责的集合。

其实这不符合任职资格标准的逻辑，有效的任职资格标准通常遵循二八原则，即任职资格标准针对的是该序列中所有岗位的关键职责，而不是全部职责。

绩效指标是否可以作为任职资格标准

在给很多公司做任职资格辅导的时候，我发现经常有人将一些重要的结果类项目作为任职资格标准。比如有些公司的销售序列有"销售额"这个技能行为要项，其分级描述是这样的：1级——年度完成100万元；2级——年度完成150万元；3级——年度完成200万元；4级——年度完成240万元；5级——年度完成270万元。

从重要性和形式上来说，这似乎是没有问题的，而且是有必要的，但我不提倡这样做，因为这些结果类项目通常可以作为绩效指标。绩效管理体系侧重于对工作结果的管理，而任职资格体系侧重于对完成结果所需的能力的管理。因此，两者所用的项目最好不要混淆，否则管理导向会出现混乱。

关于新员工的工龄确定

大部分公司的任职资格标准的基本条件中都会有工龄（或者上一级别工作年限）限制，如果一个员工是新员工，那么企业该如何处理？比如研发工程师吴超今年3月入职公司P2级岗位，过去他在其他公司的工作时长为6年。在该公司研发工程师任职资格标准的基本条件中，P1级员工晋升至P2级的一个要求是"上一级别的工作年限不少于2年"，P2级员工晋升至P3级的一个要求是"上一级别的工作年限不少于3年"。今年9月份该公司有一次晋升评审，吴超是否有资格申请晋升？这涉及两个问题：

- 问题一：是否承认外部工龄？一般情况下，只要外部工作经验与当前岗位相关，企业都是承认的。
- 问题二：如果承认外部工龄，那么工龄如何计算？一般建议企业对外部工龄进行折算，比如将外部工龄减去2年，也可以将外部2年工龄折算为内部1年工龄，那么吴超的外部工龄在折算后相当于内部4年工龄。减去P1级晋升至P2级的2年工龄，还剩下2年，因此这相当于吴超在P2级岗位已经工作了2年，加上内部工龄0.5年，吴超在P2级岗位总共有2.5年工龄，这不符合P2级晋升至P3级的基本条件。

合适的技能行为要项数量是多少

很多公司的技能行为要项只有5个，甚至更少，而有些公司的技能行为要项超过50个，这实际上都是不合适的。从晋升的角度看，员工的晋升代表着其能力有了较大的变化，太少的技能行为要项是不能有效衡量员工表现的，而太多的技能行为要项又无法聚焦。那么合适的技能行为要项数量是多少呢？

根据我的经验，一般一个序列的技能行为要项数量在15个左右比较合适，最少为10个，最多为25个。

技能行为要项需要设置权重吗

权重代表重要性，那么技能行为要项是否要设置权重呢？前文在小职级的"职级—任职资格标准对照表"中提过设置权重，但是大职级的对照表中并没有设置权重。实际上，对大职级设置权重也是可以的，但是一般不建议这样做，原因如下：

- 任职资格标准中的技能行为要项一般比较多，企业即使设置了权重，其差距其实也不大。
- 任职资格标准中的技能行为要项都是比较重要的要求（否则不应该被提取出来），企业即使划分权重，其差距也不大。
- 在后续打分中我们会看到，任职资格体系对员工晋升的要求是很高的，这种高要求带来的结果是，员工几乎要满足所有的技能行为要项才能晋升，这时候设置权重是没有意义的。

- 在采用了"职级—任职资格标准对照表"的情况下，对照表中的级别其实已经体现了各技能行为要项的重要性。

认证评价："强迫"员工主动成长

有了职级晋升通道以及相应的任职资格标准，如何确认员工是否可以晋升到下一级别呢？这就需要企业建立相应的认证评价程序。一个完整的认证评价程序既包括评价员工能否晋升的一系列流程，也包括支持这些流程的相应管理机制。

认证评价程序除了可以确定员工是否能够晋升，还有另外一个重要的作用——"迫使"员工按照任职资格标准完成工作，从而使任职资格标准发挥引领员工成长的作用。

认证评价的常规流程

完整的认证评价流程包括从申请到认证，再到结果反馈的全过程。一般情况下，整个认证评价流程需要持续 1 ~ 1.5 个月的时间，常规的认证评价流程如图 3–16 所示。

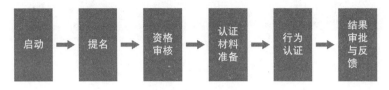

图3-16　认证评价流程

启动

为了保证认证评价流程的公平性和严肃性，任职资格的认证评价应该作为公司的年度重点工作，由人力资源部门定期组织开展。

任职资格认证评价的频率一般为半年或者一年一次，以下情况适合半年进行一次认证评价（其他情况适合一年进行一次）：

- 公司刚刚建立任职资格体系，需要为过去没有晋升的人员尽快提供晋升机会，同时需要快速迭代、更新任职资格标准，使其更符合公司的发展要求。
- 公司希望给员工提供更多的晋升机会，并且通过快速晋升为公司保留优秀人才。
- 公司重视人才评价，希望通过频率较高的认证评价来牵引人才发展。

在每次认证评价开始前，人力资源部门应该召开启动会或者发布正式通知，告知员工认证评价开始，并详细介绍每个节点的时间安排。

提名

在正式启动后，首先进入提名环节，提名有两种方式：员工自行提名与员工上级提名。通常，员工上级提名更常见。在员工上级提名的情况下，若某员工未获得提名，而员工本人认为自己符合晋升要求，那么员工可以自行提名。提名的基本要求是：

- 基本条件全部符合。
- 初步满足核心条件。

提名环节一般建议在认证启动之后的一个星期内完成。

资格审核

各部门提名完成后，企业需要对提名人进行资格审核，通过审核的人才有晋升资格。资格审核工作一般由人力资源部门主导，审核内容包括以下两个方面，员工任何一方面不符合要求都不能通过审核。

- 基本条件。这个条件在提名环节其实已经在部门层级审核过了，这里是二次审核。
- 红线条件。红线条件在部门审核时容易被忽略，这里需要重点审核。

资格审核一般在各部门完成提名后3个工作日左右完成。

认证材料准备

资格审核通过后，员工需要根据想要晋升级别的要求准备材料，其中最核心的是行为认证方面的材料。认证材料准备一般建议在两周之内完成。

行为认证

一个有效的行为认证流程需要解决七个核心问题：认证原则、认证人、认证形式、认证依据、评价标准、晋升标准、最终评价结果。

认证原则

为了使行为认证发挥更大的作用，企业应遵循以下两个原则。

- 从严原则：这包括两个方面，一方面是提问时要从严，这要求认证人在评审时要有刨根问底的追问精神，从而更准确地判断员工的行为是否符合要求；另一方面是打分时要从严，对于可上可下的分数，一般建议按照"下"进行打分。

- 发展原则：从严原则考虑的是如何进行评价，发展原则考虑的是在认证评价中如何引导员工发展。企业可以通过两种方式来体现这种引导性：一种方式是认证人通过提问来验证员工是否符合要求，同时激发员工进行深度思考，从而提升自身能力；另一种方式是在评审过程中，认证人根据情况给予员工未来发展建议，这些建议有利于员工的发展。发展原则在多数公司的认证评价中容易被忽略，但实际上从长期发展的角度看，发展原则是非常重要的。

认证人

认证人也称评价人，即判断员工是否符合要求的人。认证人可以是个人，也可以是群体，常见的任职资格认证人一般有以下四类：

（1）直接上级

直接上级认证是指由员工的直接上级根据任职资格标准进行认证，因为直接上级是最了解员工的人，所以直接上级认证在一定程度上是最真实的认证。

但是由于直接上级容易偏袒下属，因此直接上级认证不适合大规模采用，一般建议低级别员工的认证采用此方式。

（2）委员会

委员会认证是指由资历较深的员工组成评审委员会，对员工进行认证。委员会认证是使用最多的认证方式。

一般建议企业根据员工的级别将委员会划分级别，高级别的委员会认证高级别员工的晋升，低级别的委员会认证低级别员工的晋升。对大部分公司来说，委员会至少要分为两个级别：公司级和部门级。其中：

- 公司级委员会的组成人员一般包括：公司高管、人力资源部门负责人、员工所在部门及相关部门负责人、高级别员工。在公司级委员会中，员工的直接上级一般不作为认证人，而是作为辅助答辩人协助员工进行答辩。
- 部门级委员会的组成人员一般包括：人力资源部门负责人、部门负责人或员工的直接上级、相关部门负责人、高级别员工。

如果公司的组织规模庞大，层级较多，那么也可以划分更多级别的委员会。委员会的人员并非固定的，而是需要根据员工的情况临时组建，委员会的总人数应在5人左右，一般不超过7人。

（3）外部专家

外部专家认证是指企业聘请外部专家对员工进行认证。外部专家一般具有丰富的知识和相关经验，而且跟员工没有日常联系，因此可以较大程度保证认证的公平性。

聘请外部专家的缺点是成本比较高，而且外部专家对公司的文化及员工工作场景的认知度较低，这可能会导致认证结果不够准确。

（4）相关人员

相关人员认证是指由那些跟员工工作关联比较大的相关人员进行认证，常用的相关人员认证方式是360问卷和360访谈。

360问卷是指向员工的上级、下级、平级发放问卷，对员工进行认证。360问卷有两种形式：一种是深度问卷，即将任职资格标准与关键要素结合，形成针对每个技能行为要项的问卷，这种问卷一般需要深度开发；另一种是基础问卷，即答卷人可以直接判断员工的每个技能行为要项是否合格。

以表3-37"品牌包装"要项为例，深度问卷的形式如下：

- 问题一（占该项目50%权重）：根据您的了解，该员工是否在某个场合对公司的品牌进行包装，并产生了正向效果？

  1分：确定。0.5分：没有见到，但是听说过。0分：没有
- 问题二（占该项目50%权重）：根据您的了解，该员工是否在公司品牌包装中采用了与公司常用的方式不同的包装方式？

  1分：是的。0.5分：没有见到，但是听说过。0分：没有

表3-37　品牌包装

技能行为要项	内容描述	关键要素
品牌包装	在必要的场合和场景下，对公司品牌进行包装与宣传，提升公司形象	1. 需要包装的场景（比如招聘会） 2. 包装方式应与公司常用的方式不同

基础问卷的形式如下：

- 在必要的场合和场景下，对公司品牌进行包装与宣传，提升公司形象。

  1分：非常符合要求。0.5分：基本符合要求。0分：完全不符合要求

无论采用哪种问卷方式，要想获得公正的评价结果，360问卷对认证人的要求都较高。为了保证360问卷尽可能公平与准确，一般建议：

- 问卷内容参照任职资格标准，尽可能简洁，且问题不带有偏向性。
- 答卷人应是对该员工工作熟悉的人，而不是对该员工熟悉的人。
- 填写问卷时可将答卷人集中在一个地方。
- 在进行问卷分析时可以去掉填写结果中有明显恶意或者随意填写的问卷。
- 最好采用匿名方式。

360访谈是指通过访谈员工的上级、下级、平级，对员工进行认证，为保证360访谈的质量，一般建议：

- 被访谈人是对该员工工作熟悉的人，而不是对该员工熟悉的人。
- 访谈前，访谈小组成员应就访谈程序以及要提出的关键问题达成一致。
- 访谈完成后，访谈人应对该员工的最终认证结果达成一致。

在以上四类认证方式中，委员会认证由于效率和认证结果的可信度都处于中上水平，是企业最常采用的方式。另外，直接上级认证是效率最高的认证方式，也是很多公司在对低级别员工进行认证时常采用的方式。后文在没有特殊说明的情况下，以这两类认证人作为主要叙述对象。

认证形式

认证形式是指认证人通过什么形式来确定候选人符合任职资格标准。常用的认证形式有两种：关门认证和开门认证。

（1）关门认证

关门认证是指不需要员工现场述职的认证形式，一般由认证人根据员工提交的材料进行评价，或者不需要员工提供材料，认证人根据自己掌握的情况直接进行评价。关门认证执行起来相对简单，同时可以节省各方的精力，但是关门认证可能存在以下几个问题：

- **认证不充分**。由于认证人是根据员工提交的材料或员工的日常表现来进行评价的，所以员工在工作过程中表现出来的思维方式、做事依据等可能没有办法充分体现，但这些内容对于判断一个员工的能力来说非常关键。
- **对认证人的要求比较高**。认证人无法向员工当面确认一些细节问题，这就要求认证人能从员工提交的材料或者员工的日常表现中辨别出员工是否符合要求。
- **对员工的引导作用较弱**。由于认证人和员工没有面对面沟通，认证人无法通过提问或者提建议的方式引导员工进行思考。

（2）开门认证

开门认证是指需要员工本人进行现场述职的认证形式。开门认证有两种常用方式：行为面谈和情景模拟。

行为面谈是结构化面谈的一种，其基本假设是一个人过去的行为能够预测其未来的行为。在面谈过程中，面谈人一般通过追问的方式来深入了解员工的行为。追问既可以验证员工做事情的深度，也可以促使员工进行复盘和反思。

情景模拟是指营造一个与任职资格标准所要求的内容相似的情景，让员工在具体工作环境中处理可能出现的各种问题。情景模拟可以比较真实地反映一个人的行为。

情景模拟对设计者的要求较高，测评过程也比较耗费精力，所以这种方式并不常见，相对来说行为面谈是常用的任职资格认证形式。

开门认证可以解决关门认证存在的问题，但是开门认证执行起来相对复杂。

认证依据

认证依据是指说明员工符合任职资格标准的证明或凭证。在任职资格体系中，证明一个员工是否符合要求的主要方式是，观察员工在日常工作中是否表现出了任职资格标准所描述的行为，具体的证明方法包括案例举证法、现场提问法、第三方证明法。

（1）案例举证法

案例举证法是指通过举例的方式来说明员工符合要求，常用的案例举证法有关键事件法和工作文档法两种。

关键事件法是指员工通过列举自己过往工作中的关键事件来证明自己的能力。员工一般需要提前将事件的细节用文字结构化地描述出来，通常采用的方式是STAR描述法：在什么样的情境下（Situation），发生了什么事件（Task），事件的过程以及员工在此过程中表现出了哪些行为（Action），最终结果如何（Result）。具体内容如表3-38所示。

表3-38　关键事件法

序号	维度	描述
1	时间	事件发生的时间
2	事件	事件名称
3	参与人	所有参与人
4	事件内容	事件背景、情境
		描述事件经过，以下内容至少包含其中之一： （1）执行过程中关键点的解决方法； （2）执行过程中遇到的最大问题的解决方法
5	结果	结果描述应包含以下两方面： （1）事件结果； （2）事件对后续工作的价值

下文以"成本意识"要项为例来说明。

关键词：主动改善。

内容描述：主动改善工作方式或者工作流程，从长远角度为公司或者客户降低成本。

关键要素：主动改善的内容、成本降低的原因。

案例举证：

时间：2022年3月。

事件：公司进行机器升级改造。

参与人：本人及主管。

事件经过：按照常规处理办法，从旧机器上拆下来的零部件是要全部废弃的，但是某个机器的零部件拆下来之后，我发现其中一个零部件正好是另一个机器上的关键部件，且其购买费用非常高，而将要废弃的这个零部件完好无损。我将这个情况向领导进行了汇报，并建议将这些零部件保存起来备用，同时建议召集相关同事对拆下来的零部件进行评估。

结果：领导采纳了我的建议，并发现有很多零部件属于这种情况。总体计算下来，此建议为公司节约成本18万元左右。同时，工艺部门决定以后在对所有机器进行升级改造时，都要对旧的零部件进行价值评估。

工作文档法是指通过工作过程中形成的文档来证明员工是否符合要求。工作文档法通常用在会产生正式文档，而且文档非常关键的任职资格认证中。

案例举证法既可以在关门认证中使用（提供案例），也可以在开门认证中使用（以案例为基础进行行为面谈）。

（2）现场提问法

现场提问法是指认证人通过现场提问的方式来确定员工是否符合要求，认证人必须与员工面对面沟通。因此，这种方法仅适合在开门认证中使用。在开门认证中，需要进行现场提问的场景有以下两类。

- 场景一：对于部分技能行为要项，员工只需要说出掌握情况，或者说明其内涵及自己的理解。比如对于"了解公司的战略方向，并理解公司战略同本岗位之间的关系"这条要求，认证人需要通过现场提问的方式来引导员工进行回答。
- 场景二：对于需要进行案例举证的技能行为要项，认证人可以通过提问来进一步验证案例的内容是否符合要求。

（3）第三方证明法

第三方证明法是指由与员工工作相关的第三方提供证明，以确定员工是否符合要求。第三方证明法有多种方式，比如第三方签字证明、第三方问卷等。

第三方证明法既可以在关门认证中使用，也可以在开门认证中使用。

评价标准

评价标准是指认证人在评价完员工行为后，确定其是否符合要求的标准。评价标准一般有两种：得分方式和达标方式。

（1）得分方式

得分方式即对每个要项的情况进行打分，通常采用的打分方式为三分制。在三分制中，结果分为0分、0.5分和1分三个分值（见表3–39）。

表 3-39 三分制得分方式

结果		说明	备注
0 分	不符合要求	该项表现未达到要求；或者员工只是偶尔为之，多数时候没有表现出该行为；或者可以举出两个及以上反例	根据关键要素，企业也可以按照如下标准判定： ■ 关键要素只有一项：按照前列说明进行判定 ■ 关键要素有两项以上：有一半及以上完全不符合要求即为 0 分；所有项目全部完全符合要求为 1 分；处在中间位置的为 0.5 分
0.5 分	基本符合要求	该项表现基本达到要求，但距离完全达到要求尚有提升空间	
1 分	完全符合要求	该项表现完全符合要求，且员工经常为之	

　　企业若采用三分制，那么一般不建议给出这三个分值之外的分数。企业如果认为三分制的打分层级过少，不利于实际操作，那么可以增加 0.25 分和 0.75 分这两个分值，打分标准如表 3-40 所示。

（2）达标方式

　　达标方式是指根据标准来评价员工行为的达成情况。达标方式的评价标准跟上文三分制的基本相同。

- 不达标：该项表现未达到要求；或者员工只是偶尔为之，多数时候没有表现出该行为；或者可以举出两个及以上反例。

- 基本达标：该项表现基本达到要求，但距离完全达到要求尚有提升空间。

- 完全达标：该项表现完全符合要求，且员工经常为之。

表3-40 五分制得分方式

结果		说明	备注
0分	不符合要求	该项表现未达到要求；或者员工只是偶尔为之，多数时候没有表现出该行为；或者可以举出两个及以上反例	根据关键要素，企业也可以按照如下标准判定： • 关键要素只有一项：按照前列说明进行判定 • 关键要素有两项以上：有一半及以上完全不符合要求即为0分；有超过一半完全符合要求且剩余项目基本符合要求即为0.5分；所有项目全部完全符合要求为1分；处在以上中间位置的为0.25分或者0.75分
0.25分		表现处于0分和0.5分之间	
0.5分	基本符合要求	该项表现基本达到要求，但距离完全达到要求尚有提升空间	
0.75分		表现处于0.5分和1分之间	
1分	完全符合要求	该项表现完全符合要求，且员工经常为之	

晋升标准

晋升标准是指判定员工是否可以晋升至更高级别的标准，常用的晋升标准有四种。

（1）适岗度模式

适岗度是指一个员工适合某岗位的程度。适岗度通常用得分率来表示，在任职资格认证评价中，适岗度的计算公式为：适岗度=实际得分/最高可以达到的分值×100%。

例如，某公司的晋升标准如下：

- 晋升至A等：适岗度≥95%。
- 晋升至B等：适岗度≥85%。

- 晋升至C等：适岗度≥75%。

假设员工李岩想要晋升至P3级，基本条件已经通过。P3级的核心条件有12项，员工可以达到的最高分值是12分，李岩的认证人评价得分是10分，那么李岩的适岗度为10÷12×100%≈83.3%。根据上面的标准，李岩可以晋升至P3C级。

（2）达标率模式

达标率模式是指根据技能行为要项的达标占比情况来确定员工是否能够晋升。

例如，某公司的晋升标准如下：

- 晋升至A等：全部完全达标。
- 晋升至B等：不达标数/项目总数≤10%，且完全达标数/项目总数≥50%。
- 晋升至C等：不达标数/项目总数≤20%。

假设员工李岩想要晋升至P3级，基本条件已经通过，P3级的核心条件有12项，认证人认为李岩的不达标数量为2个，基本达标数量为4个，完全达标数量为6个，那么李岩的不达标率为2÷12×100%≈16.7%，基本达标率为4÷12×100%≈33.3%，完全达标率为6÷12×100%=50%。根据上面的标准，李岩可以晋升至P3C级。

（3）晋升比例模式

晋升比例模式是指每次晋升的时候，根据公司年度人力成本预算或者公司管理需要，控制晋升人数比例。比如，根据年度人力成本预算，某公司今年的晋升比例应控制在10%以内，那么在晋升时企业可以根据得分率或者达标率进行排名，排名前10%的人可以获得晋升。

（4）指标控制模式

指标控制模式是指每次晋升的时候，企业提前确定晋升人数。指标控制模式通常应用于以下两类场景：

- 根据预算控制晋升人数。比如根据年度人力成本预算，某公司今年的晋升总人数应控制在20人以内（此类场景跟晋升比例模式类似）。
- 各职级有人数限制。比如某公司规定P3级以上的人数占比不超过50%，P4级以上的人数占比不超过30%，P5级人数占比不超过10%。在这种情况下，只有当各职级的人数没达到要求时，员工才能晋升。

以上四种模式可以单独使用，也可以结合使用，比如很多公司会将适岗度模式和指标控制模式结合使用。

最终评价结果

根据评价标准，认证人进行评分。如果认证人只有一个，那么该认证人的评价结果就是最终结果。如果认证人有多个，那么这时候很可能各个认证人的评价结果是不一致的。这种情况下企业如何确定最终评价结果呢？常用的方式有两种。

（1）集体评议

集体评议是指由所有认证人共同进行评议，最终确定一个所有认证人都同意的结果。在进行集体评议时，从更有利于员工发展的角度出发，一般建议所有认证人针对每一个技能行为要项进行集体评议并达成一致结果。如果认证人之间无法达成一致，那么可以以员工直接上级（或者认证人中的最高负责人）的意见为主。

集体评议的优点是认证人可以进行充分讨论，从而避免个别认证人的片面结果影响了整体结果。因此这是一种较好的方式，但是集体评议的缺点是会花费较多时间和精力。

（2）平均值法

平均值法是指对所有认证人的打分结果进行平均计算，以确定最终结果（可以采用算术平均法，也可以对各认证人设置权重，之后加权平均）。

平均值法方便、快捷，但是由于认证人人数一般比较少，容易出现一个认证人的评价结果影响整体结果的情况。因此建议企业在高级别员工的晋升中或者认证人的评价能力比较高的情况下采用此方法。

结果审批与反馈

评审结束后，根据评审结果确定晋升人员名单，之后该名单还要经过审批才能确定为最终晋升结果。在必要的情况下，审批之前某些公司还会进行一段时间的公示。

审批通过之后就是结果反馈。关于结果反馈，一般建议企业关注以下几点：

- 反馈要当面进行（必要的情况下可以采取在线视频方式），不建议仅仅以邮件形式通知对方。
- 反馈一般由员工的直接上级和HRBP（人力资源业务合作伙伴）一起给出。
- 反馈内容既包括晋升结果，也包括评审过程中认证人对员工的建议和点评要点。
- 反馈过程中企业要多激发员工对未来发展的思考。

认证人资格认定

晋升不仅关系着员工的发展，也关系着公司的发展，因此公正、公平的行为认证流程非常关键。对认证效果起决定作用的是认证人，在所有类别的认证中，委员会认证是企业最常用的方式。委员会是由认证人构成的，且通常是动态的，因此在进行委员会认证时公司需要大量能够做评委的认证人。那么一般公司的认证人是怎样选出来的呢？

认证人的选拔有两种方式：自然认定法和选拔认证法。

自然认定法

自然认定法是指员工在达到某一级别后自动成为认证人，比如M2或P3以上级别的员工可以自动获得认证人资格。自然认定法操作简单，因此这是大多数公司认定认证人的方式。自然认定法同样存在缺陷：认证人的评审能力可能参差不齐，这会导致认证结果存在较大偏差。

选拔认证法

选拔认证法是指通过正式的认证程序来选拔认证人，一般推荐公司采用这种方式。

选拔认证程序

有效的选拔认证程序通常包括理论知识考试和实践操作验证两部分。

理论知识考试的目的是考察认证人对任职资格知识、认证评价流程以及认证评价关键点的掌握程度。为了配合理论知识考试，公司可定期组织相关培训。

实践操作验证是指公司组织准认证人参与实际评审，并将评审结果与实际结果对比，以确定员工是否适合做认证人。在实际操作中，准认证人应至少参与两场实际评审。在这两场评审中，准认证人要像正式认证人一样进行提问并打分（准认证人的打分结果不作为最终评审依据）。评审结束后，公司可将其打分结果跟正式结果进行对比，如果连续两场的误差在一定范围内，准认证人就可以通过认证。在进行实践操作验证前，企业也可以鼓励准认证人先作为观察员参与认证评价过程。

以某公司的选拔认证程序为例，其分为以下四步。

- **第一步：参加培训**。公司每年组织两次任职资格体系培训，准认证人在上一年度必须至少参与一次相关培训。
- **第二步：知识考试**。这包括选择题和开放性问题。公司建立任职资格体系考试题库（部分考试题目见附录1），准认证人的知识考试成绩必须达到90分及以上（满分为100分）。

- **第三步：实践操作验证。** 准认证人至少参与两场任职资格认证，且每场的测评结果偏差度均不高于20%。
- **第四步：宣誓。** 以上程序结束后，通过认证的员工确认《任职资格认证人宣誓誓言》（见附录2）。

对认证人的管理

成为认证人代表公司对该员工给予了极大认可。认证人承担着为公司选拔高级别人才、建立人才梯队的重要责任，因此认证人的选拔过程是比较严格的。员工需要花费较大的精力才能通过选拔，而且要承担相应的责任。那么如何保证员工有意愿参与认证人选拔，并且在通过之后积极参与实际评审呢？

这就要求企业建立相应的认证人管理机制。认证人管理机制的核心内容包括两个：成为认证人的责任和成为认证人后的责任。

（1）成为认证人的责任

为了促使员工愿意成为认证人，企业可以将成为认证人作为某一类员工群体必须承担的责任。以下是某公司的要求：

公司P4及M2（含）以上级别的员工，原则上必须在晋升之后的一年内通过认证人认证。如果一年内未通过认证，将停止调薪一年；两年内未通过认证，职级将降低一个级别。

（2）成为认证人后的责任

一旦通过认证，认证人就需要承担相应的认证评价责任——积极参与员工的晋升评审。为了促使员工承担该责任，企业可以制定奖励与惩罚并重的管理措施。以下是某公司的要求：

通过认证的认证人，每年至少参与两名员工的认证评价。未达到以上标准的，第一年停止调薪，第二年职级降低一个级别。积极参与评审的认证人有资格竞选"年度优秀认证人"，这等同于获得"优秀员工"荣誉，员工除了可以享受相应的奖励，还可以在调薪、职级晋升时被优先考虑。

任职资格认证中的常见问题

在进行认证评价的过程中，除了前文提到的内容，企业还会遇到一些实际的、细节的问题。这里对一些常见问题给出解决方法，以供企业参考。

是否需要提供问题清单来引导认证人提问

很多公司担心认证人在认证评价过程中不知道怎么提问，或者不能提出合适的问题，所以希望能给认证人提供一些问题清单。

实际上，任职资格标准中的关键要素有一个重要作用，即作为每一个技能行为要项的问题提示。

员工案例造假怎么办

有些公司担心如果采用案例举证的方式，那么员工很容易造假，因为认证人没有办法向其他人验证，而且案例中的细节只有员工本人知道。

实际上，前文讲到的三种方式都可以确保员工不能在案例上造假：

- 结构化举证要求员工详细讲述案例中的所有内容，这在一定程度上是不容易造假的。
- 评审过程中的认证人提问会使造假员工很难自圆其说。
- 参与评审的认证人基本上都是对被评审员工有一定了解的人。

除了以上方式，公司还可以在内部建立底线机制。比如一旦发现员工进行案例造假，立即停止该员工的晋升认证，并做降级处理。

员工是否可以重复使用一个案例

在进行案例举证时，很多人可能会发现一个案例可以反映多个技能行为要项的要求，那么员工是否可以用一个案例来说明多个技能行为要项？

原则上，在认证中一个案例是可以证明多个技能行为要项的，但是在实际操作中，为了鼓励员工在工作中多表现，一般建议一个案例只能证明一个技能行为要项，最多不超过两个。

是否需要限制案例的发生时间

在任职资格认证中，一般建议案例的发生时间最好是过去一年内，而且是已经结束的完整案例。因为任职资格体系的核心目的是引导员工的行为，员工的行为只有频繁发生才有价值。

对于某些难以完成的技能行为要项，比如体系搭建等，企业可以相对放宽时间限制，但是不建议时间过长。

员工是否可以跨级晋升

在任职资格认证中，跨职级晋升一般包含三种情况：

- 大职级的跨级晋升。例如从P1级直接晋升至P3级，一般不允许这种情况出现，除非员工为公司做出了巨大贡献。
- 同一个大职级内小职级的跨级晋升。例如从P1C级直接晋升至P1A级，这种情况是有可能发生的。当然公司如果想让员工经常有晋升感，也可以要求员工必须逐级晋升。
- 相邻大职级间小职级的跨级晋升。例如从P1C级或者P1B级直接晋升至P2C级或者P2B级，这种晋升是否被允许需要结合公司的实际情况。一般建议员工必须先晋升至所在大职级的最高级才能申请晋升至下一个大职级，因为经常有一些员工在跨职级晋升评审没有通过后，反过来再申请小职级晋升，这会增加企业的工作量。

是否需要设置绿色通道

绿色通道是指免除部分限制条件的晋升机会，一般用于部分条件没有达到要求，但是为公司或者部门做出了突出贡献的员工。

建议企业仅在基本条件部分使用绿色通道，即部分符合特殊条件的员工，可以不受申请条件的限制，但是必须通过核心条件评审才能确定是否可以晋升。凡事没有绝对，对于部分能力突出，并且为公司做出了极大贡献的员工，企业也可以不考核其核心条件。

不管用于哪一部分，一般建议公司尽量不使用绿色通道，如果确实要使用，那么绿色通道的使用条件应相对严格，使用的次数也尽量少一些。

以下是某公司的绿色通道使用条件：

- 绿色通道仅对以下岗位开放：研发序列、销售序列。
- 符合以下条件中的一项即可使用绿色通道：国家、国际发明专利的第一作者；重要奖项的第一负责人；作为主要负责人，研发的产品获得市场认可；近两年的平均销售业绩超过目标值的50%。
- 绿色通道仅用于基本条件部分。

开门认证中员工的个人认证时间应多长

根据过往案例，我发现一些公司在晋升员工时，认证评价时间比较短，甚至有些公司规定一个员工的认证评价时间不超过15分钟。对于这种做法我是不赞同的，因为晋升对公司和员工来说都是非常重要的事情，过短的认证时间会导致认证评价不够充分。

为了保证认证评价的效果，一般建议公司对员工个人的认证时间在2个小时左右，最少为1个小时。

职级降低条件怎样设置

前文讲的都是职级晋升，那么员工的职级可以降低吗？

当然是可以的，虽然当前企业管理的趋势是以正向激励为主，职级降低的情况不会经常发生，但是设置职级降低机制仍然是有必要的。一般来说，企业可以针对以下情况设置职级降低机制。

违反国家法律法规

这是员工行为的底线。员工一旦做出违反国家法律法规的行为，重则辞退，轻则受到惩罚，降低职级是惩罚的一种。

违背公司价值观

在重视企业文化的公司，与公司价值观不符会导致员工的行为出现偏差。员工一旦违背公司价值观，同样重则辞退，轻则受到惩罚。

违反公司制度

员工一旦违反公司管理制度中的某些条款，也会受到相应的惩罚，比如降低职级。

给公司造成重大损失

如果员工的不作为或者乱作为给公司造成重大损失，包括声誉损失、经济损失等，那么企业可以对员工进行降级处理。

长时间未晋升

这是一种"不进则退"的制度。有些公司规定：中、低级别员工如果长时间未晋升，就需要重新认证是否满足所在职级的要求或者降级。例如某公司规定P3及以下级别的员工如果两年内未晋升，就需要重新按照所在级别的任职资格标准进行认证，如果认证未通过，员工将被降低一个级别。

在上述五种情况中，前四种具有普适性，而第五种情况是否被采用，取决于公司的管理需要。

每次晋升多少人

很多公司都不知道每年的晋升人数控制在多少比较合适。控制晋升人数确实是公司需要关注的一个问题，一般来说，公司年度晋升比例的确定有以下三种方式：

- 方式一：二八原则。也就是年度晋升比例控制在20%左右，根据公司规模的不同，实际晋升比例会略有差异。一般来说，规模比较大的公司应控制在15%左右，规模小的公司在30%左右。

- 方式二：参考公司过去的晋升情况，从而确定晋升比例。
- 方式三：根据成本预算确定晋升比例。公司每年在确定成本预算的时候，将员工晋升成本确定下来，并基于此确定具体的晋升比例。

员工经常会有的几个困惑

在进行任职资格认证时，员工经常会有以下困惑。针对这些困惑，这里给出一些处理建议。

困惑一：我的潜力很好，只是公司没有给我表现的机会，这对我不公平。

员工之所以会产生这样的困惑，是因为在申请晋升的时候，企业认证的是员工想要晋升级别的行为要求，而不是当前所在级别的行为要求。按照日常工作安排，员工接触的应该都是当前级别能完成的工作，没有机会或者很少有机会接触高级别的工作，这会导致一些员工无法达成想要晋升级别的要求。

对于这个问题，企业应该引导员工以及员工的上级这样思考：想要晋升的员工在日常工作中应多主动参与高级别的任务；员工的上级应该主动安排员工参与高级别的任务，这是管理者的基本责任。

困惑二：我的表达能力不好，评审所用的认证答辩方式不合理。

这是很多喜欢多做事、少说话的员工（尤其是技术型人才）常有的困惑。这类员工不善于表达，而开门认证又需要员工进行述职，在某种程度上这是不公平的。

对于这个问题，员工和认证人应该这样思考：从流程上来说，在进行述职之前，员工有充足的时间进行准备，且案例举证部分已经提前完成了书面描述，述职只起到辅助作用。

在认证过程中，不管是低级别的认证委员会还是高级别的认证委员会，员工的直接上级都是参与者（认证人或者辅助答辩人），可以在述职过程中进行补充说明。

在进行打分时，对被审核员工比较熟悉的认证人应根据员工的日常工作表现，结合举证案例进行评价，对被审核员工不够熟悉的认证人应根据举证案例，结合提问结果进行评价。

困惑三：部分认证人不了解我的实际情况，评价结果是不准确的。

这个困惑涉及两个方面——认证人的选择以及认证人的评审能力。在选择认证人时，企业一般选择的是对员工工作比较熟悉的人，同时，认证人一般是高级别员工或者管理者。这些人即使是在不熟悉员工的情况下，也是有辨别是非的能力的。

另外，建议有条件的公司设置认证人认证程序，经过认证的认证人会更公平、公正地评价一位相对陌生的员工。

案例：某公司的任职资格认证评价过程

一家以自动驾驶技术开发为核心业务的技术型企业，每年进行2次晋升评审，分别在3~4月和9~10月。以下是2023年3月该公司的晋升评审安排以及部分关键过程。

认证评价流程

启动

2023年3月1日，在全体部门负责人参与的公司级会议上，人力资源部门负责人宣布启动本次晋升评审，并公布了大致时间安排：3月初到4月中旬完成整个评审过程。

会后人力资源部门又通过邮件以及内部工作群向全体员工宣布启动本次晋升评审并告知了大致时间安排。

提名

3月1日至4日为各部门的提名时间，提名要求如下：

- 以部门为单位进行提名，提名人为员工所在部门的负责人。在部门未提名的情况下，员工本人可以自行向人力资源部门提名。若员工自行提名，那么人力资源部门会向员工所在部门的负责人确认。
- 符合晋升的基本条件，且在过去两年没有触犯红线条件。
- 对于走绿色通道的人员（每个部门不超过一人），由部门负责人将名单及理由提交给人力资源部门，人力资源部门统一提交分管副总及总经理审批。

资格审核

3月3日至3月8日，人力资源部门对员工的评审资格进行最终审核，并以邮件形式将审核结果反馈各部门负责人。

各部门负责人有权对审核结果提出异议，人力资源部门在接到异议诉求后三个工作日内给出最终答复。

认证材料准备

通过资格审核的人员在3月14日至3月25日针对核心条件准备行为举证材料，并提交部门负责人批准，批准后交人力资源部门归档。员工需要提交的材料及基本要求如下：

- 个人基本情况介绍及主要工作职责（幻灯片形式），内容不超过3页。
- 案例举证（幻灯片形式）：参照任职资格标准中的关键要素准备相应材料（部分案例需要员工在现场根据认证人的提问进行说明，可不进行举证），举证材料应该是最近发生的（若无特别说明，应是最近1年内发生的）且已经结束的项目。
- 案例举证应采用结构化的STAR描述法，包括事件发生的时间、参与人、事件背景、事件经过、事件结果等内容。
- 员工在举证后需要对每个技能行为要项进行自评。

行为认证

公司在3月28日至4月8日开展行为认证工作，整个认证过程采用开门认证的形式。对于认证人，公司采用三级认证人模式（见表3-41）。

表 3–41 某公司的三级认证人

级别		评审对象	人员构成	数量	备注
第一级	公司级评审委员会	晋升至 P4A 及 M3（含）以上级别的员工（员工所在部门的负责人可作为辅助答辩人）	公司高层、人力资源部门负责人、相关部门负责人、高级别员工	3~5 位	根据评审情况，评审委员会的人员由人力资源部门提前确定；每次评审，人力资源部门都会提前确定一位评审负责人，负责整个评审过程；每次评审都配置一名辅助人员（非认证人），协助评审负责人完成评审过程，并做好会议记录
第二级	部门级评审委员会	晋升至 P2A、P3A、P3B、M1、M2（含）以上级别的员工	人力资源部门负责人、部门负责人、直接上级、相关部门负责人、高级别员工	3~5 位	
第三级	员工的直接上级	P1 级内部的小职级晋升人员	员工的直接上级	1 位	

在进行认证时，整个认证过程采用以下流程：

- 评审负责人召集认证人提前召开会前会，统一评审规则，初步了解举证案例。
- 评审开始后，员工首先对认证材料进行说明。
- 认证人根据案例进行提问并各自做出评价，评价的关键点参考关键要素，与员工自评结果不一致的评价结果应在评审表格中写明理由。
- 评审结束后，评审委员会成员就每项技能行为要项进行集体评议并对评审结果达成一致。如果无法达成一致，那么以评审负责人的判断结果作为最终结果。

员工最终能否晋升的标准如下（每个大职级内部分为A、B两个小职级）：

晋升至下一职级A等，适岗度≥95%，且晋升至A等的人数不超过晋升总人数的30%；晋升至下一职级B等，适岗度≥85%。

在认证过程中，认证人通过认证评分表（见表3-42）对参与认证的人员进行打分。

表3-42 某公司的认证评分表模板

姓名		工号		当前等级		申请等级		
模块	要项	任职资格标准				行为举证、描述、文档（如果有文档请添加附件）	评分	点评（建议）
		级别	关键词	行为描述	关键要素			
合计得分								
最高可以得分								
得分率								

结果审批与反馈

全部评审结束后，该公司在4月11日至4月22日完成如下工作：

- 人力资源部门根据晋升规则确定晋升名单，并报送公司总经理审批。
- 确定晋升人员名单后五个工作日内，由员工的直接上级和相应部门的HRBP将结果反馈给员工本人。

行为认证过程

在认证过程中，如何对员工的举证内容进行确认非常关键。下文以该公司的具体事项为例来对行为认证过程做详细说明。

行为认证原则

整个认证评价过程遵循以下原则。

- 从严原则：在认证过程中，以"严格"为基本标准，当员工的表现"可上可下"时，以"下"作为判断结果。
- "坏人"思维：认证人应以员工可能"钻空子"的角度，尽可能从多方面来验证员工的表现是否符合要求。
- 知不等于会，会不等于做，做不等于有效地做：必须以员工是否在工作中表现出有效的行为（仅需要员工理解内涵的项目除外）为基本判断依据，员工没有实际表现不能得分。

行为认证规则

该公司本次行为认证的具体规则如下：

- 本次行为认证的时间范围为2022年3月1日至2023年2月28日，员工举证的案例应该是该时间段内发生的且已经产生效果的事件（未结束的事件不属于此范围）。
- 员工应按照STAR描述法进行结构化举证，没有采用STAR描述法的，直接判定该技能行为要项分值为0分。
- 一个案例最多针对一个技能行为要项。
- 评审时重点关注关键要素是否全部达到要求。
- 认证人若发现员工日常行为符合评审要求，但所举案例不符合评审要求，可以要求员工重新举证。如果员工的述职内容符合要求，但认证人认为这是偶然发生的行为或者不是员工的主动行为，可以要求员工重新举证。
- 若案例表面符合要求，但员工的表现力度不够，则该项不能得满分。某案例中员工本人没有发挥主要作用的，该项不能得满分。另外，评审委员会还需要评价员工是否一贯如此，一旦有评委举出反例，则该项不能得满分。
- 认证人应尽量多提问。通过提问，认证人不仅可以验证员工是否符合要求，还可以为员工的发展提供建议。认证评价不应以员工是否"会说"为标准，认证人要通过不断提问去伪存真。
- 认证人如果对员工的日常表现比较了解，那么可以以员工的日常表现为依据进行打分（不以举证案例为打分依据），但是应有充分的理由。

举证案例点评示例

下文列举了部分评审案例，并进行了点评。通过这些案例，企业可以感受一下如何进行具体的行为认证（以下案例的发生时间均为2022年4月至2023年2月）。

如表3-43案例一所示，对于技能行为要项"资源整合（3级）"，员工的举证如下。

表3-43　案例一：技能行为要项——资源整合（3级）

关键词	行为描述	关键要素
资源共享	对部门不同专业的资源进行共享，共同运用	▪ 共享内容说明 ▪ 运用效果

售前客服特别是新客服，会出现备注失误或其他简单的销售问题，为此我组织审单主管与售后主管对售前客服进行了专门培训，并制定了相关标准与制度，最终使岗位分工更加明确。

点评：

该举证案例存在两个问题：一是案例不具体，没有进行结构化举证；二是案例内容不符合要求。

打分建议：

在不重新举证的情况下，该项目的得分为0分。

如表3-44所示，对于技能行为要项"客户管理（2级）"，员工的举证如下（见表3-45）。

表3-44　案例二：技能行为要项——客户管理（2级）

关键词	行为描述	关键要素
持续跟进	持续跟进客户情况，确保问题得到解决	▪ 对同一个事件连续跟进两次以上 ▪ 每次都有新成果或者解决了新问题

表3-45　员工对"客户管理（2级）"要项的举证

维度	描述
时间	2022年6月
事件	直播付款账户转移
参与人	李云飞
事件内容	事件背景： 　　前期和李云飞协商将款项转到新开的支付宝账户里，但是遇到了不能绑定账户的问题，后台尝试多次也找不到原因
	事件经过： 　　在网上查阅资料并打电话询问转移账户的问题，然后得知这是由几个原因造成的；随后再次跟进发现还是无法绑定，最后重新申请了一个支付宝账户，解决了付款账户无法转移的情况
结果	直播付款账户成功转移

点评：

在该案例中，员工的表现力度不足，因为该员工最终没有找到问题的主要原因，而是通过申请新账户的方式来解决问题。旧账户没有妥善处理，可能会给未来的操作带来问题（可能存在后续部分款项仍然打入原账户的风险）。

打分建议：

如果以该事件为准进行评价，建议该项目的得分为0.25分。

如表3-46所示，对于技能行为要项"人才管理（3级）"，员工的举证如下（见表3-47）。

表3-46 案例三：技能行为要项——人才管理（3级）

关键词	行为描述	关键要素
提出建议	理解业务部门的需求，提供专业的人力资源解决方案	▪ 站在部门业务的角度 ▪ 专业的解决方案 ▪ 方案落地并产生效果

表3-47 员工对"人才管理（3级）"要项的举证

维度	描述
时间	2022 年 5 月
事件	协助主管完成主播培养方案
参与人	业务部门刘经理、上级主管杨宏

维度	描述
	事件背景： 　　抖音、淘宝直播迅速发展，短视频将成为未来的主流，但是公司的主播人员储备不足
	事件经过： 　　针对该问题，在与业务部门刘经理沟通后，我们提出了以下建议： ▪ 通过第三方渠道了解同行对于此类岗位是如何招聘的，之后进行针对性招聘，同时联系相关院校的老师进行宣传和推荐。 ▪ 联系第三方机构讨论解决方案，可以签约第三方机构的主播为公司带货。 ▪ 由第三方定期委派培训师对公司的实习生、新人进行脱产培训，并对其日常工作提供指导。
事件 内容	这些建议全部得到了刘经理的认可，但在实施过程中遇到了以下难点： ▪ 业务部门需求量大且要求新人快速上岗，然而新冠肺炎疫情期间大部分学校未开学，且实习就业管控严格，无法开展线下宣讲。 ▪ 第三方机构费用较高，且疫情期间部分培训师无法到现场做指导。 　　针对这些难点，通过跟各方进行沟通，最终确定了以下解决方案： ▪ 通过线上宣讲、老师推荐的方式筛选有能力、有意愿的实习生。 ▪ 跟业务部门沟通，让公司原有的主播进行一对一带教，并对带教人员进行奖励。 ▪ 签约第三方机构的主播。
结果	直播活动当月为公司带来了超过 500 万元的收入（之前每月不超过 200 万元），且到目前为止每月收入增长率超过 30%，同时此项工作为公司主播的招聘及培养提供了经验

点评：

该案例是完全符合要求的，但是存在一个关键问题，即该员工在这个案例中是协助角色。

打分建议：

基于上面的原因，这个项目建议为0.5分。

如表3-48所示，对于技能行为要项"沟通能力（2级）"，员工的举证如下（见表3-49）。

表3-48　案例四：技能行为要项——沟通能力（2级）

关键词	行为描述	关键要素
问题反馈	针对工作中的问题，通过内外部沟通了解问题产生的原因及可能的解决办法，并以他人能接受的方式集中反馈给相关责任人	▪ 有询问其他人的行为 ▪ 有内外部沟通的动作 ▪ 反馈给相关责任人

表3-49　员工对"沟通能力（2级）"要项的举证

维度	描述
时间	2021年2月
事件	A产品内部测试
参与人	部门经理、技术部门负责人

维度	描述
事件内容	**事件背景：** 公司开发了新产品，需要先在公司内部进行测试 **事件经过：** 技术团队开发的产品进入测试阶段，测试阶段分为两个环节：内部测试（内部员工试用）和外部测试。我负责内部测试以及同技术部门的对接工作。 内部测试开始时，大部分员工不愿意安装和使用新产品，即使我们举办宣讲会并请公司领导站台，参与测试的人仍然很少。同部分员工沟通后，我发现主要原因是该产品同大家的关系不大，测试及反馈问题会浪费时间。 我与技术团队负责人、我的上级对以上问题进行了沟通，决定采用以下方式推进内部测试： • 每个部门的负责人每天上午抽出 10 分钟时间同下属一起进行测试，并统计反馈结果。 • 对提出有效问题的同事给予奖励。 • 每周统计各部门的测试频率，并在内网公布。 在争取到公司领导的认可和支持后，我将以上方式同各部门负责人进行了一对一沟通，也取得了他们的理解和支持
结果	最终大概有 80% 的员工进行了不少于一周的使用测试，内部测试顺利进行，并得到了不少于 20 条有效建议

点评：

该案例是完全符合要求的，但是存在一个关键问题，即发生时间不在本次要求的范围内。

打分建议：

在不重新举证的情况下，该项目的得分为0分。

如表3-50所示，对于技能行为要项"供应商管理（2级）"，员工的举证如下（见表3-51）。

表3-50　案例五：技能行为要项——供应商管理（2级）

关键词	行为描述	关键要素
持续跟进	能够持续跟进供应商的进度，确保问题解决	▪ 持续跟进 ▪ 解决问题

表3-51　员工对"供应商管理（2级）"要项的举证

维度	描述
时间	2023年2月
事件	督促力拓供应商开具发票
参与人	许丽娟
事件内容	事件背景： 　　2022年底已给供应商打款40万元，但发票一直未收到，从而影响了公司的正常业务 事件经过： 　　1月16日开始跟进力拓供应商开票问题，基本上每半月跟进一次。第一次跟进，对方开票8万元，第二次跟进，对方开票10万元，最终在2月底对方承诺剩下的发票在3月底开具，该工作目前还在跟进中
结果	保证了发票的正常开具

点评：

该案例存在两个问题。问题一：该案例所描述的事件直至晋升评审还未结束。问题二：上述案例中该员工的表现似乎符合要求，但是其行为深度不足（只是做了简单的跟进，没有进一步了解并解决问题）。

打分建议：

基于以上原因，该项目的得分为0分。

认证评分示例

根据公司的认证程序，员工李伟的当前职级为P3级，由部门负责人推荐，申请晋升至P4级。人力资源部门在审核后认为李伟符合晋升的基本条件。接下来由李伟本人针对P4级的技能行为要项（10项）进行举证，之后认证人进行评分（见表3–52）。

表3–52　某公司的认证评分表

姓名：李伟		工号：×××			当前等级：P3		申请认证等级：P4
模块	要项	任职资格标准			行为举证、描述、文档（如果有文档请添加附件）	评分（分）	点评（建议）
		级别	关键词	行为描述	关键要素		
战略意识	客户策略	3	—	—	—	—	0.5	暂无
	产品策略	3	—	—	—	—	0.75	
	公司战略	2	—	—	—	—	0	

姓名：李伟		工号：×××		当前等级：P3		申请认证等级：P4

模块	要项	任职资格标准			行为举证、描述、文档（如果有文档请添加附件）	评分（分）	点评（建议）
		级别	关键词	行为描述	关键要素		
客户导向	客户理解	3	—	—	—	—	1	
	商机发掘	4	—	—	—	—	1	
影响力	沟通能力	2	—	—	—	—	1	暂无
	跨团队协作	3	—	—	—	—	0.75	
专业能力	流程管理	3	—	—	—	—	0.75	
	洞察力	2	—	—	—	—	1	
	经验、知识积累与传递	3	—	—	—	—	1	

合计得分	7.75 分
最高可以得分	10.00 分
得分率	77.5%

四类简化的任职资格形式

前文讲了全面任职资格体系搭建的全过程，可能很多人觉得这套体系太复杂，不适合自己所在的公司或者不适合公司当前的发展阶段。但是基于引导员工发展的考量，建立职级晋升通道还是很有必要的，这可以使公司更好地保留和吸引优秀人才。那么有没有简单一点的任职资格形式呢？

本节将介绍四类简化的任职资格形式（或者叫晋升标准）：积分式、核心指标式、方向性标准式与晋升预算式。

积分式：通过累积积分获得晋升

积分式是指对工作内容赋予分值，员工每完成一项内容就可获得相应的分值，积分达到一定标准后员工即可晋升。积分式其实在生活与工作中随处可见，比如会员卡积分、某些城市的居住证积分、一些公司的福利积分等。

积分类型

在职级晋升上，常见的积分来源有以下几类：

- **工龄（司龄）积分**：根据员工的工龄或者司龄来累积积分，其中最常见的是司龄积分。
- **学习积分**：在公司搭建了学习体系，并建立了积分制度的情况下，员工可以用学习积分来累积晋升积分。
- **绩效积分**：企业依据员工在绩效考核中的表现给予积分。
- **优秀员工积分**：员工在公司被评为优秀员工可以获得积分。
- **鼓励的行为（事项）积分**：对于公司鼓励的行为或者事项，员工若符合条件，也可以获得积分，比如获得专利、发表文章、提出建议并被采纳、成功推荐客户（非销售人员）、参与重大项目等。

积分式示例

下文用一个案例来说明积分式的实际应用，以下是某公司技术人员的积分获得规则：

- **司龄积分**：每多一年司龄可积1分。
- **学习积分**：过去一年的学习积分，每10个积分可转换为1分晋升积分，学习积分不满10分的不累积。
- **绩效积分**：在过去两年的季度绩效考核中，员工获得S、A、B、C、D等级可分别累积5分、3分、2分、0分、–2分，晋升中使用过的积分会被清零。

- **发明专利积分**（见表3–53）。

- **其他积分**（见表3–54）。

表3–53　某公司的发明专利积分规则

项目			分数 （第一作者／负责 人）	分数 （其他作者／参与 人：前3人）
授权 专利	国际		10分	5分
	国家	发明专利	8分	4分
		著作权	5分	2分
公司项 目奖	一等奖		8分	4分
	二等奖		6分	3分
	三等奖		4分	2分

表3–54　某公司其他积分规则

项目	分数
发表专业类文章	0.5分／篇，最多不超过2分
先进员工	3分
优秀导师	3分
优秀内训师	3分

员工从P1级晋升到P2级需要20分，从P2级晋升到P3级需要30分，从P3级晋升到P4级需要40分，从P4级晋升到P5级需要60分。在晋升时，使用过的积分需要清零。

积分式的优缺点

积分式的优点如下：

- 从晋升评价的角度看，积分式操作简单且容易理解。
- 积分式的导向性很强，公司可以对战略导向事项设置积分。
- 公司可以根据需要修改积分规则。

积分式的缺点如下：

- 不能量化的项目无法设置积分，这会导致一些重要项目无法在积分式中体现出来。
- 可以获取积分的项目通常更关注工作结果，而不是工作过程，这不利于员工能力的提升。
- 能获取积分的项目要么已经给过奖励（比如绩效结果跟工资关联，大部分公司通常对发明专利的员工也会给予相应的奖励），要么对公司来说不是关键指标（比如工龄、司龄）。

核心指标式：个别指标就可以决定晋升

核心指标式是指用少量的核心指标来决定员工能否晋升，核心指标式通常用于以下三类岗位。

专注于完成专项工作的岗位

这类岗位可以以专项工作的完成情况为晋升标准。例如，有些公司研发岗位的主要工作是参与各类研发项目，那么公司可以将员工过去参与项目的数量、参与项目的级别、在项目中扮演的角色作为晋升标准。

工作内容相对简单的岗位

这类岗位的工作内容通常比较单一。例如，生产制造型企业可以将工作成果或者工作效率（月均计件数量、生产目标完成率等）作为一线操作工的晋升标准。

仅关注工作结果的岗位

很多公司出于某些原因，会在一段时期要求部分岗位仅关注关键工作结果，这时候公司就可以将关键工作的完成情况作为晋升标准。某快速发展的化妆品公司的售前客服岗位（相当于传统公司的销售岗位）的晋升标准如表3–55所示。

核心指标式的优点是晋升标准明确、简洁，对员工的导向性非常强，缺点是关注内容不够全面。

表3-55　某化妆品公司售前客服岗位的晋升标准

项目		职级	P1	P2	P3	P4	P5	P6
晋升条件	连续三个月达成其中之一	转化率（%）	45.0	47.2	49.5	50.7	52.5	—
		客单价（元）	219	230	235	248	252	—
	若出现月销售额未达到25万元的情况，无论转化率与客单价完成情况如何，不予晋升							
降级条件	连续两个月未达成其中之一	转化率（%）	—	38.0	41.1	42.7	44.2	47.3
		客单价（元）	—	209	213	219	225	230
	若出现月销售额未达到12万元的情况，无论转化率与客单价完成情况如何，次月职级降低一级							

方向性标准式：用相对模糊的标准来决定晋升

方向性标准式是指只对各个级别做一个方向性说明，其内容通常相对模糊，比如：

- P1：初学者，能处理一些简单的辅助性工作。
- P2：有经验者，基本适应职场规则，掌握了某方面较为专业的技能，能按既有的操作方法独立完成某方面工作。
- P3：骨干，有较丰富的工作经验，掌握了某方面非常专业的技能，可以独立策划和执行某方面工作。
- P4：专家，在某一领域具有深厚、广泛的经验，精通某一领域的知识和技能，并且能够领导某一专业领域。

- P5：权威，公司内外公认的权威，洞悉本领域的发展方向，可以提出具有战略性的指导，从而推动公司做出决策。

在仅仅确定了方向性标准的情况下，员工是否晋升要靠人来决定。

方向性标准式的优点是评价者有较大的自主权。其缺陷是，较大的自主权可能会导致难以把控的局面出现。方向性标准式通常适合管理能力比较强且希望有更多发挥空间的管理者。

晋升预算式：部门自己决定晋升

晋升预算式是指公司根据年度发展规划及预算情况，确定每个序列或每个部门的晋升人数，之后将晋升权交给各部门，由各部门自行确定晋升人员。

这种方式通常没有明确的任职资格标准，员工是否能够晋升主要由部门负责人决定。这种"拍脑袋"的方式与方向性标准式的缺点是一样的，实际操作中常见于一些大型外资企业。

第 4 章

任职资格应用体系设计：组织能力建设

本章将介绍全面任职资格体系中的第二个"1"——任职资格应用体系，这里的"应用"不仅包括认证评价结果的应用，还包括基于任职资格体系四大内容的全面应用。企业如果对任职资格体系的四个方面应用得当，是可以在内部打造以任职资格体系为核心的组织能力的。

重新认识组织能力

对于现在的企业来说，组织能力建设的重要性不言而喻，但对于如何建设组织能力，大部分企业一知半解。其中一个重要原因是，企业对于组织能力并没有清晰的认知。

专家和标杆企业眼中的组织能力

现在业界对于什么是组织能力，有很多不同的观点，下文简单做个总结。

杨国安教授在他出版的书籍《组织能力的杨三角》中，将组织的成功定义为：战略×组织能力。其中，组织能力由员工能力（员工会不会）、员工思维模式（员工愿不愿意）和员工治理方式（公司让不让）三个维度组成。

华为内部有一个围绕价值管理的三角，这可以看作华为的组织能力定义：以客户为中心的价值创造，以结果为导向的价值评价，以奋斗者为本的价值分配。

针对组织能力，阿里巴巴提出了"三心四力"：三心即积极乐观心、责任心、企图心；四力即能力、心力、脑力、体力。

现代人力资源管理大师戴维·尤里奇在其著作《变革的HR：从外到内的HR新模式》中说，组织能力代表了一个企业因何而为人所知，它擅长做什么，以及它如何建构行为模式以提供价值。书中还说，管理水平良好的企业似乎都在以下方面拥有优势：人才、速度、共同的思维模式、问责制、协同、学习力、领导力、客户维护、创新、战略一致性、精简化、社会责任、风险管理、效率。

当然，关于组织能力业界还有很多不同的观点，这里不一一列举。而以上关于组织能力的观点有两个共同点：

- 所有组织能力模型都是从企业整体管理视角出发的，这本身没有错，但是这也是很多人在看到这些模型后觉得很有道理，却不知道如何落地的主要原因。
- 所有组织能力模型基本上都包括两方面内容：软性的环境（文化、意识等）和硬性的机制。"软硬结合"才能建设长久的组织能力。

从两个阶段建设组织能力

从实际操作的角度出发，组织能力有狭义和广义之分，狭义的组织能力主要是人力资源管理能力，表现形式是各项人力资源管理机制。广义的组织能力既包括人力资源管理能力，也包括使人力资源管理机制充分发挥价值的"场"。

基于狭义组织能力与广义组织能力的概念，企业的组织能力建设一般分为两个阶段。

阶段一：设计人力资源管理机制

规范的管理机制是企业建设组织能力的基础，站在公司整体发展的角度，人力资源管理机制主要包括三个层面。

支撑业务发展的基础人力资源管理机制

基础人力资源管理机制包括组织架构与岗位设计、薪酬管理、绩效管理、职级晋升通道与任职资格标准、人力资源规划等，这些基础机制对公司业务发展更多起到的是支持作用。

牵引业务发展的人才管理机制

仅有支持业务发展的基础机制是远远不够的，人力资源管理机制如果想发挥更大的价值，就需要有牵引业务发展的人才管理机制。在VUCA时代（指易变的、不确定的、复杂的、模糊的时代），企业发现在激烈的竞争中立于不败之地的核心因素是人才，优秀的人才不仅能带来工作效率的提升，还能带来独特的、额外的业务价值，这些独特的、额外的价值正是人才牵引公司业务发展的体现。

人才管理的核心是人才的"选、用、育、留"，落实在具体的机制上主要包括人才标准、人才选拔与盘点、人才发展与培养、人才梯队、人才评价与激励等。

引领业务发展的干部管理机制

干部管理作为一个单独的管理机制，逐步成为各个公司的"标配"。比如，华为很早就成立了干部部门，专门做干部管理；阿里巴巴之前也成立了组织部门进行干部管理；小米于2018年成立组织部门以强化干部管理；腾讯有专门的干部管理办法。除了这些头部企业，大量的新兴互联网企业要么成立了专门的干部管理部门（或团队），要么将干部管理视为专项机制。那么干部管理为什么这么受欢迎呢？

这里首先对干部和管理人员的关系做一个澄清，在企业管理中，"干部"一词有三种含义：第一种，干部是指公司中的骨干（这最贴近"干部"一词本身的含义），公司的管理人员基本上都是骨干，针对这种表述，干部既包括管理人员，也包括一些核心的非管理人员；第二种，干部是指公司的管理人员，也就是说管理人员就是干部，干部就是管理人员；第三种，干部是指一定级别以上的管理人员，比如有些公司规定M2及以上级别的管理人员才是干部。

第二种和第三种是企业常用的表述（后文提到的干部主要指的是这两种）。在这两种表述中，既然干部和管理人员是高度重叠的，甚至是一致的，为什么企业还要使用"干部"这个词呢？这是因为两者的内涵是不同的，"干部"一词强调的是这部分员工的"骨干"属性，而"管理者"强调的是管理属性。

相对于专业人才对业务发展的牵引作用，干部在公司中更多承担着引领业务发展的作用。同人才管理一样，干部管理的核心是干部的"选、用、育、留"，落实在具体的机制上主要包括干部标准、干部选拔与盘点、干部发展与培养、干部梯队（后备）、干部评价与激励等。

阶段二：设计使管理机制发挥价值的"场"

这里的"场"可以理解为保证人力资源管理机制运行的软性环境，这主要包括三个方面：企业文化、组织管理原则、发展战略。

企业文化

企业文化的核心是企业的使命、价值观和愿景，其内涵如表4-1所示。

表4-1　企业文化三大核心的内涵

名称	内涵
使命	企业为了谁（人类、国家、股东、顾客、员工）而存在
价值观	对企业来说什么是正确的，企业提倡的做事原则是什么
愿景	从长期发展的角度看，企业未来要做成什么样子

对一个公司来说，企业文化的作用主要体现在以下几个方面：

- 使命一般包含企业关于社会责任的表述，这可以唤起员工以及社会对公司的认可和共鸣。
- 价值观代表的做事原则可以对员工的日常工作产生无形的约束，这种约束是很多管理机制无法做到的。

- 愿景代表公司的长期发展方向，有了这个方向，企业会更有目标感，并且少走岔路和弯路。

企业文化会对人力资源各项机制的搭建产生有形和无形的影响。任何一项机制都应该支持公司使命和愿景的实现，任何一项机制背后的属性都应该同公司价值观的属性相吻合，否则员工很容易感到不适应，这项机制也产生不了应有的价值。

组织管理原则

企业文化对中、高层员工的影响较大，同时，由于企业文化经常被误认为"虚而不实"，且难以对员工产生直接影响，因此组织管理原则超越企业文化，成为另一个受到很多公司重视的"场"。

什么是组织管理原则？

以京东在2017年发布的《京东人事与组织效率铁律十四条》为例，这十四条铁律涵盖了人才、组织、团队、沟通、客户服务、日常工作管理等方面，并指出了这些方面对公司组织效率的影响。这些铁律简单、直接、明确，所有人看了之后都可以明白哪些动作可以做，哪些不可以做。这就是组织管理原则，它一般具有以下特点：

- 简洁、清晰，员工很容易就能看明白。
- 对日常工作有较强的指导作用。京东的十四条铁律，每一条都是一项明确的做事规则。
- 核心内容是公司日常管理的重点及痛点。

发展战略

企业文化中的愿景是指企业的长期目标（一般是20年甚至更长时间的目标）。企业发展战略是企业实现愿景道路上的里程碑目标（一般是1~3年的目标），为了实现这个目标，公司的所有管理机制都应该以发展战略为导向。

上述这些"场"对公司的影响都是长期的。原本应该是先有"场"，后有机制，"场"滋生出来的机制才能更好地在企业"生根发芽"。但是我发现大多数企业在机制搭建初期，其内部的"场"是模糊的甚至是没有的。"场"的建设是一个复杂的、长期的过程，从实际操作的角度看，一般是先有机制，等公司发展到一定阶段之后再开始真正设计"场"，最后根据"场"对机制进行优化或更新。

组织能力建设的第二阶段——设计使管理机制发挥价值的"场"，是公司的顶层设计。顶层建筑的设计是一个较为复杂的过程，这不是本书的重点，后文所讲的组织能力建设主要指的是第一阶段——设计人力资源管理机制。

基于任职资格体系的组织能力建设

很多公司都在打造健全的人力资源管理机制，但大多数公司却没有形成真正的组织能力。深入分析后我发现，其中一个主要原因是这些公司的大部分管理机制之间是弱相关的，各机制的导向是不一致的甚至是相反的。很多公司存在这样一些怪象：公司薪酬机制的导向是看重有能力的员工，但是公司在员工晋升上却更看重资历；公司在进行人才培养时注重培养员工的"狼性"，但是在绩效指标设置上却以领导"拍脑袋"的定性指标为主。这种不一致会使公司花费很大精力打造起来的管理体系产生的却是负面效果——组织能力削弱。

在实际管理中，人力资源的各个机制分属不同的团队，企业要想使各机制统一起来并形成有效的组织能力，就需要通过一条主线将各个机制串联起来。这条主线需要满足以下两个条件：

- 条件一：该机制本身就是一个能对员工形成强约束的闭环，这个闭环在对员工进行约束的同时，能对员工形成正向激励，以鼓励员工愿意在这个闭环中完成工作。

- 条件二：该机制能跟其他管理机制进行强关联，且关联之后各机制能产生更大的管理效果。

传统的人力资源管理将岗位职责作为主线，但岗位职责并不能完全满足上述两个条件，所以它不能真正将各个机制串联起来。企业要想有效打造组织能力，就需要寻找另外一条主线，而任职资格体系可以发挥这一作用。

为能力付薪：基于任职资格体系的薪酬激励

如图4-1所示，传统的薪酬激励体系的基本逻辑是进行岗位价值评估、配置相应的薪酬等级表、分类分层设计薪酬结构、新旧体系对接、建立薪酬管理制度。设计这一体系的前提是企业要明确岗位职责。受限于岗位职责的边界，根据上述逻辑建立的薪酬激励体系只能激励员工完成职责边界内的工作。

但是现在，企业意识到要想持续发展，就需要有能力的员工打破岗位职责的边界，发挥自身的最大潜能来为公司创造更多的价值。这给传统的薪酬激励体系的设计逻辑带来了几个挑战：

- 在以岗定薪的基础上如何体现"以能定薪"？
- 如何激励员工充分发挥自身优势？
- 如何激励员工主动承担更多工作？
- 如何激励员工主动创新？

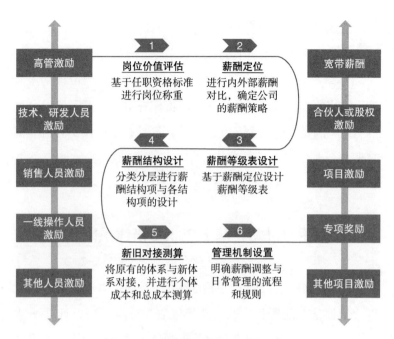

图4-1　传统的薪酬激励体系设计框架

企业以任职资格体系为基础设计薪酬激励体系，可以在一定程度上解决这些问题。

职级晋升通道与薪酬等级

薪酬等级表是薪酬激励体系的核心之一，职级晋升通道是任职资格体系的核心之一。任职资格体系落地的关键是在职级晋升通道与薪酬等级表之间建立联系。那么如何建立联系呢？企业可以采用岗位价值评估方式。

岗位价值评估的基本逻辑

岗位价值评估也叫岗位称重。岗位价值评估的基本逻辑是通过一种方式或工具（比如美世咨询公司的职位评估工具IPE、海氏评估法等），对某岗位在公司中的价值进行评价，之后根据评价结果形成岗位等级。传统岗位价值评估的基础是岗位职责，基于岗位职责的岗位等级表如表4-2所示。

表4-2　基于岗位职责的岗位等级表（部分）

岗级	用户运营部	市场部	品牌部	研发中心
10		总监		
9				
8				经理
7	经理		经理	
6				
5	主管	客服主管		
4		推广岗、店铺运营岗	平面设计师、市场研究员	研发工程师
3	用户运营专员、文案策划岗	公众号运营岗、直播岗	新媒体运营岗	
2		客服岗		
1				

岗位等级与薪酬等级是完全对应的，通过岗位价值评估形成岗位等级之后，基于岗位等级以及公司的薪酬定位，我们就可以得到薪酬等级表，如表4-3所示。

表4–3　薪酬等级表（部分）　　　　　　　　　　　　　　　　　单位：元/月

薪等	薪档								
	1	2	3	4	5	6	7	8	9
10	38 102	40 802	43 502	46 202	48 902	51 602	54 302	57 002	59 702
9	27 695	29 695	31 695	33 695	35 695	37 695	39 695	41 695	43 695
8	20 839	22 339	23 839	25 339	26 839	28 339	29 839	31 339	32 839
7	15 779	16 879	17 979	19 079	20 179	21 279	22 379	23 479	24 579
6	12 052	12 832	13 612	14 392	15 172	15 952	16 732	17 512	18 292
5	9 088	9 668	10 248	10 828	11 408	11 988	12 568	13 148	13 728
4	6 882	7 322	7 762	8 202	8 642	9 082	9 522	9 962	10 402
3	5 267	5 587	5 907	6 227	6 547	6 867	7 187	7 507	7 827
2	4 080	4 300	4 520	4 740	4 960	5 180	5 400	5 620	5 840
1	3 320	3 490	3 660	3 830	4 000	4 170	4 340	4 510	4 680

在该薪酬等级表中，纵向称为"等"，代表的是薪酬等级，与岗位等级是对应的。横向称为"档"，代表的是每个薪酬等级对应的具体薪酬额度与范围。下文关于薪酬的"等"和"档"，均参照此定义。

在传统体系中，一个岗位对应一个岗位等级（比如客服岗对应的岗位等级是2级），也对应一个薪酬等级（2级岗位对应的薪酬范围就是表4-3中的倒数第二行，从4 080元到5 840元）。员工如果想提升自己的薪酬等级，就需要转岗（比如从客服岗转到推广岗），或者从一般员工晋升为管理人员（比如从普通客服人员晋升为客服主管）。这种方式会带来员工自扫门前雪（受限于岗位职责）、企业留不住经验丰富的优秀员工（管理岗位竞争激烈）等一系列问题。

基于岗位等级的职级晋升通道设置

在建立了任职资格体系后，企业将任职资格体系中的职级晋升通道与薪酬等级建立联系，就可以解决上文的问题。职级晋升通道与薪酬等级建立联系的方式有两种。

（1）锚定顺延法

锚定顺延法是指以前文提到的岗位价值评估结果作为该岗位某一职级的锚定岗级，之后采用上下顺延的方式确定其他职级对应的岗级（见表4-4）。

表4-4　锚定顺延法（示例）

岗级	市场部	品牌部	研发中心
10			
9			
8			
7	推广岗（P5）	平面设计师（P5）、市场研究员（P5）	研发工程师（P5）
6	推广岗（P4）、公众号运营岗（P5）	新媒体运营岗（P5）、平面设计师（P4）、市场研究员（P4）	研发工程师（P4）
5	推广岗（P3）、公众号运营岗（P4）、客服岗（P5）	新媒体运营岗（P4）、平面设计师（P3）、市场研究员（P3）	研发工程师（P3）
4	推广岗（P2）、公众号运营岗（P3）、客服岗（P4）	新媒体运营岗（P3）、平面设计师（P2）、市场研究员（P2）	研发工程师（P2）
3	推广岗（P1）、公众号运营岗（P2）、客服岗（P3）	新媒体运营岗（P2）、平面设计师（P1）、市场研究员（P1）	研发工程师（P1）

岗级	市场部	品牌部	研发中心
2	公众号运营岗（P1）、客服岗（P2）	新媒体运营岗（P1）	
1	客服岗（P1）		

在实际操作中，企业通常将P1级或者P2级作为锚定级别，因为传统的岗位价值评估方式评价的是员工在基本适岗的情况下发挥出来的价值，这同职级晋升通道上的P1级、P2级是对应的。

（2）职级价值评估法

职级价值评估法是指基于岗位职责和职级晋升通道上各职级的任职资格标准，对各个职级的价值重新进行评估。职级价值评估法同岗位价值评估法的基本逻辑是一样的。

不管是锚定顺延法还是职级价值评估法，最终都可能会出现同一序列内不同岗位的职级晋升通道的起始点和最高点不一样的情况。比如公众号运营岗覆盖2～6级，推广岗覆盖3～7级。随着员工能力成为影响工作绩效的主要因素，再加上同一序列内各岗位的性质基本相同，很多公司在实际操作中开始忽略同一序列内各岗位之间的差异，将同一序列内所有岗位的发展空间变成一致的（见表4–5）。

表4-5　某公司职级晋升通道与薪酬等级的关联情况（部分）

岗级 / 薪级	研发序列		职能序列		销售序列	
10						
9	P6	首席工程师				
8	P5	专家工程师				
7	P4	资深工程师			P5	销售总监
6	P3	高级工程师	P5	专家	P4	资深销售经理
5	P2	工程师	P4	资深专员	P3	高级销售经理
4	P1	助理工程师	P3	高级专员	P2	销售经理
3			P2	专员	P1	销售员
2			P1	助理		
1						

职级晋升通道与薪酬等级的对应方式

在表4-5中，所有序列的职级都是从P1级开始的，不同序列的相同职级对应的薪酬级别是不同的。但是某些公司不同序列的相同职级对应的薪酬级别是一样的，这是为什么呢？

实际上，职级晋升通道与薪酬等级的对应方式有两种，如表4-6所示。

在方式一中，薪酬等级和职级晋升通道的级别是等同的，但不同序列对应的职级晋升通道的起始点可能不同，比如研发序列的职级覆盖范围为P5 ~ P10，职能序列为P2 ~ P6。

在方式二中，薪酬等级和职级晋升通道的级别是不等同的，所有序列的职级都从P1级开始，不同序列的相同职级对应的薪酬等级可能是不同的，比如研发序列的P1级对应薪酬5级，职能序列的P1级对应薪酬2级。

表4-6　职级晋升通道与薪酬等级的对应方式

方式一					方式二			
薪级	职级	研发序列	职能序列	销售序列	薪级	研发序列	职能序列	销售序列
10	P10	←			10	P6		
9	P9				9	P5		
8	P8				8	P4		
7	P7				7	P3		P5
6	P6		←		6	P2	P5	P4
5	P5			←	5	P1	P4	P3
4	P4				4		P3	P2
3	P3				3		P2	P1
2	P2				2		P1	
1	P1				1			

其实这两种方式背后的逻辑是一样的。对比来说，方式一比较直观，易被理解，但员工可能会产生所有序列的发展通道是一致的错觉，从而使不同序列员工的心里产生不平衡。方式二相对公平，但是较为复杂。公司采用哪种方式，需要根据实际情况来确定。

小职级与薪酬等级的对应关系

前文描述的是大职级与薪酬等级之间的对应关系，那么大职级内部如果划分了小职级，小职级与薪酬等级是一一对应的吗？比如每个大职级内部分为A、B、C三个小职级，是否C等对应的是薪酬等级的前1/3、B等对应的是薪酬等级的中间1/3、A等对应的是薪酬等级的后1/3呢？

在实际操作中，由于各种原因，比如员工入职时的薪酬是双方谈判的结果，谈判水平高的员工也有"高薪低能"的可能性，因此多数公司大概率会出现员工的薪酬与能力不符的情况。在这种情况下，如果使小职级与薪酬等级一一对应，那么这很可能会造成相当一部分员工要涨薪或降薪，这是很难操作的。因此，一般建议在同一个大职级内，所有小职级共享一个薪酬等级，小职级的晋升仅作为调薪依据，比如员工从C等晋升至B等或者从B等晋升至A等，可以调整一个薪档（或薪资调整8%）；员工从C等晋升至A等，可以调整两个薪档（或者薪资调整15%）。

员工调薪

职级晋升后，如何调薪是员工最关心的问题，实际上与职级关联的调薪情形除了职级晋升调薪，还包括职级降低调薪、序列转换调薪。

职级晋升调薪

腾讯在2022年5月底向员工发了一封邮件，大致内容是：未来腾讯将不再单独针对职级晋升做即时调薪，企业会在年度薪资回顾中结合业绩贡献、能力提升、薪酬竞争力等因素综合考量调薪一事。

这里有两个关键点：一是腾讯在2022年5月之前一直是即时调薪；二是2022年5月之后，调薪方式变为综合考虑职级晋升和其他因素，形成一个总的调薪结果。这实际上是将过去分散的几种调薪方式综合放在一个时间点进行统筹考虑，在这个过程中，职级晋升还是会影响调薪结果的，只是从直接影响转为间接影响了。

通过腾讯的做法，我们来分析一下员工职级晋升之后的调薪问题。

（1）员工晋升后要不要调薪

毫无疑问，员工晋升之后，调薪是必然的，如果不调薪，员工就会产生"白干了"的想法，从而失去晋升的基本动力。

（2）晋升之后要不要即时调薪

关于这个问题，企业通常有两种做法。

第一种做法是评聘分离，即评审通过代表员工有资格晋升到这一级别，但是公司可能因为各种原因，暂时不对员工进行聘任，等时机合适了再聘任，聘任之后再调薪。例如，有些公司各级别都有人数限制，员工通过评审后，新级别上暂时没有多余岗位；或者有些公司规定评审通过后，员工还需要走另外一套聘任流程。评聘分离通常出现在国有企业或者事业单位。

第二种做法是评聘结合，即评审通过就相当于被聘任了。因为晋升流程本身就比较复杂，如果再进行评聘分离，职级晋升机制对员工的吸引力就会大大减弱。大部分公司更适合采用评聘结合方式。

在这种情况下，调薪一般有三种方式：

- 第一种方式是即时调薪，即职级晋升后下个月就开始调薪。
- 第二种方式是延迟并单独调薪，即职级晋升后延迟到某个节点开始调薪。例如，虽然有些公司的任职资格评审时间是4月份，但是按照规定，调薪时间是7月份。
- 第三种做法是延迟并综合调薪，即在延迟调薪的情况下，结合其他因素确定最终的调薪结果。

针对这三种调薪方式，企业该如何选择呢？

大部分企业都可以采用第一种做法——即时调薪，因为产生即时效果的晋升对员工来说最有吸引力。有些公司为了让员工感受到公司对他们的认可和重视，同时提升员工的满意度，会有多次调薪，比如上半年做绩效调薪，下半年做晋升调薪。如果晋升评审分散在不同的月份，那么企业可以采用第二种方式——延迟并单独调薪。如果公司整体发展比较平稳，对高级别人才的需求不太明显，公司的人才结构也比较合理、稳定，或者公司考虑控制人工成本，那么这时候可以采用第三种方式——延迟并综合调薪。另外，延迟并综合调薪还适用于一种场景，即公司要综合统筹各种因素来确定调薪幅度，避免仅考虑单一因素导致调薪过于片面。

（3）确定晋升之后的调薪幅度及晋升对综合调薪的贡献度

这个问题需要根据公司的具体情况来判断，大部分公司都可以参考以下三个原则。

第一，建立相对明确的职级晋升调薪规则，包括调薪的时间、调薪的幅度等。

第二，职级晋升带来的调薪幅度一般比其他调薪方式的略大，或者说在综合调薪的情况下，职级晋升的调薪贡献要比其他因素的大。因为职级晋升代表的是能力的提升，能力的提升会给公司带来长期价值。

第三，避免让员工认为职级晋升是唯一的调薪途径。如果员工只知道职级晋升可以带来调薪，那么这会造成晋升评审的主要参考依据不是职级背后的任职资格标准，而是员工是否到了需要调薪的时候。

职级降低调薪

从逻辑上来说，当员工职级晋升时薪酬会增加，那么员工职级降低意味着薪酬也会降低。但实际上，对于降职级的同时是否降低薪酬，公司需要综合考虑多种因素，比如降薪对员工积极性的影响，员工是否会离职，公司是否可以承受员工离职所产生的损失等。

通常情况下，当职级降低时，公司对于薪酬有以下两种处理办法。

方法一：降级不降薪。这一般发生在员工主动降级或者由于某些原因被动降级的情况下。比如：员工主动承担某项别人不愿意承担的工作，却给公司带来了损失；员工以前是部门经理，但是部门重组后成为新部门的二级主管。在这种情况下，员工虽然降级不降薪，但是要想晋升到高级别，还要通过任职资格认证。

方法二：降级降薪。在大部分情况下，降级都应该伴随降薪，一般建议公司按照降级原因制定不同的降薪规则。比如：给公司声誉造成一定损失的，降薪至低等级的同一薪档（比如从第5等级的第6档降到第4等级的第6档）；给公司声誉造成重大损失的，先降薪至低等级的同一薪档，之后再降低两档（比如从第5等级的第6档降到第4等级的第4档）。

序列转换调薪

序列转换也涉及调薪问题，序列转换的方式不同，调薪的方式也不同。

（1）同一序列内的转换

同一序列内各岗位的任职资格标准是一致的，因此在同一序列内转换时，薪资直接平移即可。

（2）专业类与管理类之间的转换

专业类与管理类之间的转换通道有两类，这两类转换的调薪方式是不同的。

专业类向管理类的转换通常意味着员工的"升职"，即使转换之后职级未发生变化，企业一般也会进行调薪（加薪）。

管理类向专业类的转换分为主动和被动两种情况：如果是主动转换，那么一般建议将员工转换到同等的专业职级上，且薪酬保持不变；如果是被动转换，那么一般建议对员工降级降薪。

（3）专业序列之间的转换

专业序列之间的知识和技能存在一定的差异，因此转换之后员工在一段时间内会处于学习新知识和新技能的状态，相比之前的工作，员工发挥的价值较小，此时企业有两种处理方法。

方式一：设置保护期（比如6个月）。保护期内薪资平移，保护期结束后根据员工对新岗位的适岗情况确定薪资。这种情况一般是因为公司鼓励员工轮岗或者到其他岗位工作。

方式二：按照新岗位所在序列确定薪资。这时候根据两个序列价值的高低，员工薪酬有可能降低，也有可能提高。

新旧体系对接时的职级确定

公司建立了新的职级晋升通道后，员工在新职级上的落位也涉及薪酬调整问题。

新旧体系对接的方法与考虑要素

从逻辑上说，企业根据任职资格标准对每个人进行测评，按照测评结果落位员工是最合理的方式。但是在实际操作中一般不建议企业这么做，因为这种方式面临着三个现实问题：

- 企业对所有人进行测评需要花费非常多的精力。
- 如果测评结果所对应的薪酬同大部分员工现有薪酬的差距过大，那么处理这件事是很有挑战的。
- 刚建立的体系可能存在一些需要改进的地方，用新体系对所有人员进行测评并直接决定员工薪资，可能会产生比较大的内部矛盾。

基于此，在进行新旧体系对接时，企业要遵循两个基本原则。

原则一：承认历史、眺望未来。不管过去是否公平合理，企业要先承认过去，新的体系更多针对的是未来，比如未来员工的晋升。

原则二：优待"老人"，平稳过渡。在新旧过渡时给予老员工一定的"优待"（比如适度加薪或者至少不降薪），这可以保证老员工认可新方案或者至少不反对新方案。这个原则很关键，很多公司搭建起来的新体系最终没有落地的主要原因就是没有平稳过渡（老员工不满意）。

根据这两个原则，企业在实际操作中可以采用的方法是：如果员工之前有职级，那么尽量采用以前的职级；如果员工以前没有职级，那么企业可以设置新规则，比如以薪酬、工龄、学历等为基础设置职级规则。

在这个过程中，考虑到员工的长期发展，企业还可以增加一些限制条件，比如员工第一次落位的最高职级为P3A级（避免一些员工的起始级别过高，从而没有晋升空间），所有员工的薪资都不降低（避免引起员工不满，从而增加新旧体系对接的难度），等等。

案例：某公司的新旧体系对接规则

以下是某公司的新旧体系对接规则，员工的整个落位过程分为三步。

第一步：以员工当前薪酬所在等级为基础级别，如果员工的薪资处在两个级别之间，则以高级别为准。

以表4-7的薪酬等级表和表4-8的职位等级表为例，员工张力是技术序列（部门）的员工，当前薪资为22 300元/月，这个数据可以对应到薪酬7级的后半部分，也可以对应到薪酬8级的前半部分，薪酬7级对应的是技术序列的P4级，薪酬8级对应的是技术序列的P5级，那么根据"就高"规则，初步确定张力为P5级员工。

表4-7　某公司薪酬等级表　　　　　　　　　　　单位：元/月

薪级	薪档								
	1	2	3	4	5	6	7	8	9
10	38 102	40 802	43 502	46 202	48 902	51 602	54 302	57 002	59 702
9	27 695	29 695	31 695	33 695	35 695	37 695	39 695	41 695	43 695
8	20 839	22 339	23 839	25 339	26 839	28 339	29 839	31 339	32 839
7	15 779	16 879	17 979	19 079	20 179	21 279	22 379	23 479	24 579
6	12 052	12 832	13 612	14 392	15 172	15 952	16 732	17 512	18 292
5	9 088	9 668	10 248	10 828	11 408	11 988	12 568	13 148	13 728
4	6 882	7 322	7 762	8 202	8 642	9 082	9 522	9 962	10 402
3	5 267	5 587	5 907	6 227	6 547	6 867	7 187	7 507	7 827
2	4 080	4 300	4 520	4 740	4 960	5 180	5 400	5 620	5 840
1	3 320	3 490	3 660	3 830	4 000	4 170	4 340	4 510	4 680

表4-8 某公司职位等级表

薪级	技术序列		专业序列		销售序列	
10						
9	P6	首席工程师				
8	P5	专家工程师				
7	P4	资深工程师			P5	销售总监
6	P3	高级工程师	P5	专家	P4	资深销售经理
5	P2	工程师	P4	资深专员	P3	高级销售经理
4	P1	助理工程师	P3	高级专员	P2	销售经理
3			P2	专员	P1	销售员
2			P1	助理		
1						

第二步：以学历、过去两年的绩效结果、过去两年获得优秀员工的情况为考量因素，赋予员工积分，根据积分所处区间确定员工的小职级，如表4-9所示。

表4-9 某公司积分标准

项目	学历	绩效（过去两年）	优秀员工情况（过去两年）
积分	硕士研究生及以上：3分 本科：2分 大专及以下：1分	一个A记5分 一个B记3分 一个C记1分 其他不计分	一次公司优秀员工记1分
职级确定标准	▪ 总积分在12分及以上放入A级； ▪ 总积分在8~12分（含最低，不含最高）放入B级； ▪ 总积分在8分以下放入C级		

假设员工张力为硕士研究生，过去两年的年度绩效分别为B和A，未获得过优秀员工表彰，那么张力的积分为11分

（3+3+5），应归入B级。因此，到目前为止张力的职级为P5B。

第三步：部门负责人在前两步的基础上进行修正。要求如下：

- 尽量不调整员工的大职级，如果要调整，则需说明理由并经分管副总同意。
- 可以参照任职资格标准调整员工的小职级，如果要调整，则需说明理由并经人力资源部门同意。

以上职级结果提交部门确认后，部门负责人认为张力前年的绩效表现实际上可以被评为A，但是在公布年度绩效结果前，张力主动将A让给了另一位表现不错的员工。这种精神非常值得肯定和认可，因此部门负责人建议将张力放入P5A级。人力资源部同相关人员沟通之后认为该理由非常充分，最终确认张力为P5A级。

新员工的职级确定

新员工包括两类：校招人员和社招人员。

校招人员

对于校招人员的薪酬，一般有两种处理方式。

方式一：所有序列的P1级向下顺延，设置P0级，校招人员在适应期（一般是1年）内先以P0级确定薪酬，适应期结束后根据其表现进行晋升。

方式二：校招人员是应届毕业生，基本没有工作经验，能发挥的价值有限，因此适应期以培养为主（多以轮岗培训的方式进行）。适应期的薪酬可以设置为固定值（比如本科员工6 500元/月，硕士研究生员工8 000元/月，公司也可以根据需要进行更加细化的设置），适应期结束后，根据员工表现以及岗位所在序列确定员工职级及薪酬。

社招人员

社招人员的职级及薪酬的确定有两种方式：一是在招聘之前就确定要招聘哪个职级的员工，然后按照这个职级的要求来寻找候选人，并在找到合适人员后根据相应职级的薪酬范围来确定薪酬；另一种是在面试时根据员工能力及双方协商结果确定职级及薪酬。

其他应用

在薪酬激励体系的设计中，还有其他与任职资格体系关联的内容，下文做简单介绍。

中长期激励对象的选择与激励标准的设定

一些公司会对核心人员进行中长期激励，比如发放股权、虚拟股权等。在制订相应方案时，企业需要解决两个核心问题：激励对象的选择以及激励标准的确定。在建立了任职资格体系的情况下，这两个问题的解决相对简单。下文以某公司的虚拟股权案例来进行说明。

一家快速发展的科技型公司为了保留和吸引优秀人才，决定建立虚拟股权制度，基本方案如下。

激励对象：P4级、M1级及以上级别员工，且司龄2年以上。

分红条件：完成公司年度目标的80%且不低于去年业绩，公司拿出利润的50%进行分红。

个股确定规则：个人股数=岗位饱和配股+年度工作表现配股。其中，岗位饱和配股的标准如表4-10所示。

表4-10　某公司岗位饱和配股标准

职级		系数	配股数（股）
—	M12	11.6	116 415
—	M11	9.3	93 132
—	M10	7.5	74 506
P12	M9	6.0	59 605
P11	M8	4.8	47 684
P10	M7	3.8	38 147
P9	M6	3.1	30 518
P8	M5	2.4	24 414
P7	M4	2.0	19 531
P6	M3	1.6	15 625
P5	M2	1.3	12 500
P4	M1	1.0	10 000

年度工作表现配股的标准：年度绩效结果为A，岗位饱和配股股数增加2%；绩效结果为B，岗位饱和配股股数增加1%。年度工作表现配股在员工获得股权激励资格后开始计算，

次年发放。

员工刘伟是P8级，属于公司品牌部门，2017年入职，2019年获得股权激励资格。其2020年和2021年的绩效结果分别为A和B，那么他可以获得的股权数量是：24 414+24 414×2%+24 414×1%≈25 146股（四舍五入后取整）。

奖金包的二次发放

在采用奖金包的形式发放团队奖励时，企业可以根据员工所处职级和岗位情况来确定具体的二次分配额度。

某项目共5人：高级总监（兼任项目负责人）1人（张宏），P4级员工1人（刘力），P3级员工2人（王刚、黄璐），P2级员工1人（赵乾）。项目奖金包共18万元，根据公司制度，各职级的奖金分配系数如表4-11所示。

表4-11 各职级奖金分配系数对照表

岗位/职级	系数
资深总监、高级总监、资深项目经理	8
高级项目经理	5
总监、项目经理	4
P4	3
P3	2.5
P2	2
P1	1.5
P0	1

那么P4级员工刘力的项目奖金分配金额为：$18 \times [3 \div (8+3+2.5+2.5+2)] = 3$ 万元。

在该额度的基础上，项目负责人根据项目实际参与情况进行调整，最终确定每个人的分配额度。

福利标准的确定

很多公司的福利标准是按照职级确定的，比如有些公司规定员工的住宿补贴标准为：P1级、P2级员工每月补贴500元，P3级、P4级员工每月补贴1 000元，P5级及以上级别员工每月补贴2 000元。

相互独立又相互影响：任职资格体系与绩效管理体系

前文讲到，任职资格体系与绩效管理体系的侧重点是不同的，前者侧重对工作过程的管理，后者侧重对工作结果的管理。然而作为两个重要的管理工具，两者又是相互影响的，这具体表现在以下三个方面。

绩效结果在任职资格体系中的应用

绩效指标一般不作为任职资格标准，但是绩效结果一般可以作为任职资格标准的基本条件或者门槛条件，而且在实际使用时绩效要求不能太高，因为晋升与否取决于员工能力，绩效结果尚可的人都有资格晋升。

员工职级与绩效目标的设定

很多公司在进行绩效考核时经常出现绩效等级比较高的人总是那几位能力比较强的员工，其他人只能"陪跑"。长期如此，大部分人就会对绩效考核失去信心。

造成这种现象的主要原因是很多部门为不同能力的员工设置了难度相同的绩效指标和目标值，在没有建立任职资格体系之前，这种做法在一定程度上是合理的，因为大家承担的工作一样，基础薪资标准也都差不多，能力强、表现好的员工就应该获得高绩效。但是一旦公司建立了任职资格体系，能力强的员工一般都会获得晋升（随之带来基础薪酬的调整）。晋升之后员工需要承担更大的责任，此时不同级别员工的绩效指标和目标值需要根据该级别的能力要求进行适当调整。那么怎样调整呢？企业可以采用两种方式：

- 方式一：根据员工过去一段时间的绩效情况来设置目标值。这跟阿里巴巴要求的"昨天的最高目标是今天的最低目标"背后的底层逻辑是一致的。
- 方式二：根据同一水平员工的表现来设置目标值。比如根据P1级所有员工的总体表现水平来设置P1级的目标值，根据P4级所有员工的总体表现水平来设置P4级的目标值。

创造价值与评价价值相互补充

从绩效管理的发展趋势看，绩效管理逐渐侧重于过程管理。那么，任职资格体系的过程管理与绩效管理体系的过程管理之间是怎样的关系呢？

绩效管理体系中的过程管理是为了完成当期目标，是短期的过程管理；而任职资格体系中的过程管理侧重于提升员工的底层能力，为员工更好地完成长期目标打基础。这两者结合，既能保证员工实现短期目标，又能保证员工长期为公司创造价值。

评价新人：基于任职资格体系的员工招聘

前文讲到，任职资格体系主要作用于公司现有员工，实际上它也可以用于新员工招聘。基于任职资格体系的员工招聘可以提升招聘效果。

招聘员工的通用核心流程如图4-2所示，我们通过此流程来看一下任职资格体系如何应用于招聘工作。

提出需求 → 信息发布 → 面试 → 职级确定 → 薪酬确定

图4-2　招聘员工的通用核心流程

提出需求

招聘需求一般由用人部门在岗位出现空缺时依据岗位职责

提出。在建立了任职资格体系的前提下，若出现岗位空缺，为了更加精准地匹配需求，用人部门可以进一步明确所需员工的职级。

例如，某公司计划为绩效管理岗位招聘员工，根据实际需要，同时结合各职级的任职资格标准，该公司确定需要招聘P2级或P3级人才。

信息发布

确认招聘需求后，人力资源部门会发布招聘信息。企业可以结合岗位职责及相应职级背后的任职资格标准，大致描述用人要求。

例如，某公司计划为绩效管理岗位招聘员工，P2级岗位要求员工能对工作情况进行数据分析，并根据分析结果对各项机制提出改进建议，P3级岗位要求员工能通过数据分析为人才培养提出建议。因此，招聘信息可以这样描述：能进行绩效数据分析，并通过数据分析为公司绩效机制的改进或者人才培养提出建议。

面试

在员工招聘中，任职资格标准在面试环节发挥的作用是最大的。前文提到，在判断现有员工是否能够晋升时，企业的主要依据是该员工在工作中是否表现出任职资格标准所要求的行为。同样，在面试过程中，企业也可以根据该员工是否表现出相应级别所要求的行为来判断其能否入职，只不过这些行为基于员工过去在其他公司的表现。

在实际操作时，企业可以将任职资格标准的内容分为三类：

- A类：可以直接作为面试内容。
- B类：需要将部分内容适当调整，之后作为面试内容。
- C类：不需要作为新人面试内容，这类任职资格标准要么是公司的个性化要求，要么跟公司的文化环境相关，在面试时可以不重点关注。

某公司的任职资格标准与面试内容的转化如表4-12所示。

表4-12 某公司的任职资格标准与面试内容的转化

要项	1级				面试题目	
	关键词	行为描述	关键要素	证明方法	类别	面试问题
战略意识	熟悉战略	了解公司的使命、愿景和核心价值观，熟悉公司及本部门的战略	1. 正确说出公司使命、愿景和核心价值观； 2. 正确说出本部门的基本战略； 3. 说出自己的工作与本部门战略的关联	现场问答	A	—

要项	1级				面试题目	
	关键词	行为描述	关键要素	证明方法	类别	面试问题
客户管理	了解员工	熟悉公司架构、所有部门的核心工作内容及核心人才	1. 正确说出公司一级部门的核心工作； 2. 正确说出公司管理人员、P4级及以上级别员工的基本情况	现场问答	A	—
	理解业务	了解公司业务的专业术语	知道公司所有专业术语的意思	现场问答	B	你熟悉本公司的业务吗，你能说出哪些行业术语
教练辅导能力	答疑能力	能够向新员工提供相关工作流程、规范、工作技巧等方面的指导	1. 说明提问人是谁； 2. 说明提出的问题； 3. 说明给出的答案	案例举证	A	—
雇主品牌打造	熟悉雇主品牌	清楚描述雇主品牌的概念与公司未来要打造的雇主品牌形象	1. 清楚说出雇主品牌的关键词； 2. 说出对雇主品牌形象的理解，可以是公司提出的，也可以是自己思考的	现场问答	C	—

职级确定

第三步结束后，如果面试者基本符合要求，企业就可以根据面试结果、公司内部人员情况以及面试者本人的意愿确定最终职级（包括大职级与小职级）。

薪酬确定

根据已确定的职级、面试者的适岗度以及面试者本人的薪资要求，确定最终薪资。

评价"老人"：基于任职资格体系的人才盘点

当任职资格体系应用于员工招聘时，评价对象是公司的"新人"，相对于评价"新人"，任职资格体系在评价"老人"——人才盘点方面的价值更大。

九宫格盘点是常见的一种人才盘点方式，企业结合任职资格体系可以进行更精细化的人才九宫格盘点（见图4-3）。

维度一：员工能力

在任职资格体系中，员工职级的高低代表着员工能力的高低，因此员工能力可以直接用职级来表示。

在有小职级的情况下，企业还可以进行更精细的划分。如图4-3所示，每个大职级内部又划分了A、B、C三个小职级，分别代表大职级内部能力的高、中、低级。这样企业就可以对每个职级进行人才九宫格盘点了。

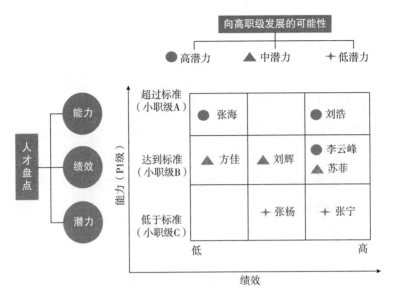

图4-3　基于职级晋升通道的人才九宫格盘点（P1级）

维度二：员工绩效

绩效代表的是员工的工作结果，在有绩效管理体系的情况下，公司可以直接用绩效结果来代表员工能力。

维度三：员工的潜力

能力和绩效是常用的人才九宫格盘点维度，代表的都是人才当前的情况。从精准用人的角度看，企业在上述两个维度的基础上，还可以加入第三个维度——潜力，这代表的是人才未来的情况。

若要判定员工潜力，企业可以建立潜力模型，也可以参照任职资格标准。那么，如何基于任职资格标准进行潜力判定呢？

我们知道，任职资格标准中既有员工当前职级的标准，也有员工将要晋升职级的标准，因此员工未来向更高职级发展的可能性就是潜力评估的依据。如果员工未来晋升至高职级的可能性比较小，企业就可以基本判定该员工为低潜力；如果员工未来向上晋升一个级别的可能性比较大，但是向上晋升两个及以上级别的可能性比较小，企业就可以基本判定该员工为中潜力；如果员工未来向上晋升两个及以上级别的可能性比较大，企业就可以基本判定该员工为高潜力。

根据上述三个维度，企业可以对单个职级进行人才九宫格盘点，以此类推形成所有职级的人才九宫格盘点结果。

优化组织：基于任职资格体系的人才管理

人才已成为企业最重要的资产，这促使人才管理成为企业发展的关键。在进行人才管理时，企业结合任职资格体系可以使人才为公司带来更大的价值。如图4-4所示，基于任职资格体系的人才管理可以从四个方面展开。

1.人才结构规划
以各职级人才的占比为核心，确定期望的人才结构

2.人才差距分析
分析当前的人才结构与期望的人才结构之间的差距

3.当前员工潜力盘点
针对员工个人，盘点员工未来晋升的可能性

4.人才发展计划
基于前面几个步骤，确定未来的人才发展计划

图4-4 基于任职资格体系的人才管理

人才结构规划

对大部分企业来说，高级人才与初级人才的比例都不能过高，企业内部全是"专家"会造成人才的浪费，或者"专家"之间相互打架，基础工作无人承担。企业内部全是初级人才又会导致组织能力不足、无人承担有创造性的工作，从而阻碍公司的发展。

通过建立合理的人才结构，企业可以达成整体人才价值最优的目标。这里的人才结构是指团队中不同层级人才的分布情况（占比）。结合任职资格体系中的职级晋升通道，人才结构也可以理解为不同职级人员在团队中的比例。

从整体人才价值最优的角度看，不同类型人才的结构是不一样的，我们可以从人才自身的成长性（弱或强）以及人才在组织中的作用（事务操作或业务支持、业务影响或战略影响）两个维度将人才分为四种类型。这四种类型的人才对应的人才结构如下：

- **金字塔形**：低职级的人才最多，随着职级提升，人才越来越少。大多数操作类、行政类岗位适合金字塔形人才结构。

- **橄榄形**：也叫钻石形，即中等职级的人才最多，中、高职级的人才较少。大多数部门都适合橄榄形人才结构。

- **正梯形**：几乎没有低职级人才，从较高职级开始，人才数量越来越少。项目经理、产品经理、销售员等岗位适合正梯形人才结构。

- **倒梯形**：几乎没有低职级人才，从较高职级开始，人才数量越来越多。企业内部顾问等岗位适合倒梯形人才结构。

企业参照图4-5基本可以确定一个团队的人才形状，继而确定更加精细的人才需求结构。某部门的橄榄形人才结构计划如图4-6所示。

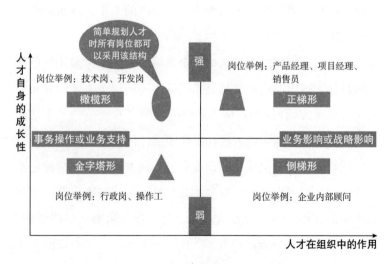

图4-5 人才结构（形状）判断模型

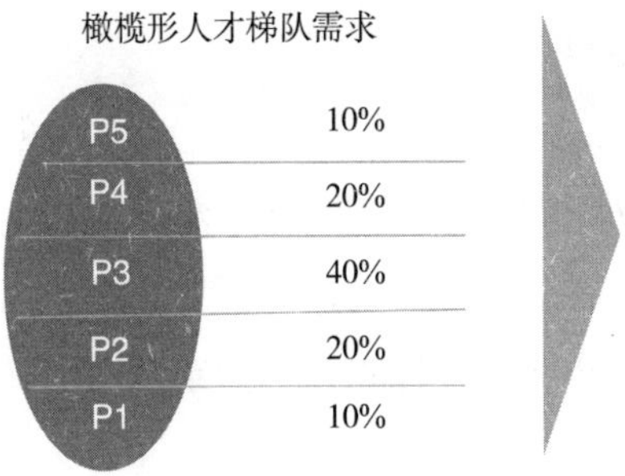

橄榄形人才梯队需求

职级	期望人数
P5	2人
P4	4人
P3	8人
P2	4人
P1	2人
合计	20人

P5 10%
P4 20%
P3 40%
P2 20%
P1 10%

图4-6 某部门的橄榄形人才结构计划

在实际操作中，企业关于人才结构的判断有以下方式：

- 参考标杆企业的人才结构。
- 根据公司过往情况进行总结。
- 搭建数据分析模型，通过数据分析得出最佳人才结构。

人才差距分析

企业可以基于人才结构规划，梳理团队当前的人才情况，确定当前人才结构与期望的人才结构之间的差距（见图4-7）。

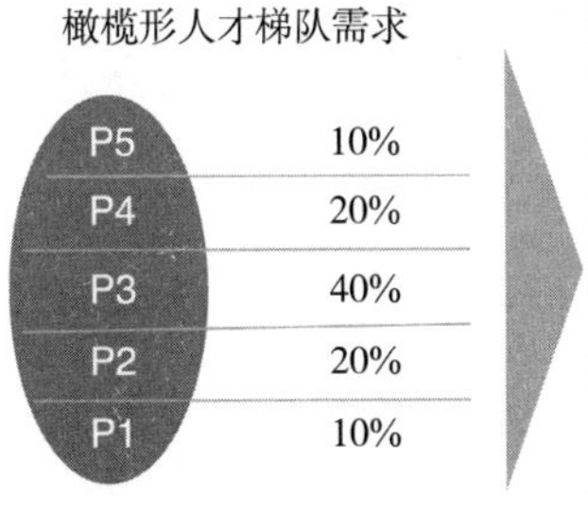

橄榄形人才梯队需求

职级	期望人数	实际人数	差距
P5	2人	0人	少2人
P4	4人	2人	少2人
P3	8人	4人	少4人
P2	4人	4人	0人
P1	2人	8人	多6人
合计	20人	18人	少2人

P5 10%
P4 20%
P3 40%
P2 20%
P1 10%

图4-7 某部门的人才差距分析

当前员工潜力盘点

梳理完当前人才结构与期望人才结构之间的差距后，接下来企业需要盘点当前员工未来晋升的可能性，从而形成基于当前人才的未来人才结构规划。企业结合任职资格体系可以更好地完成该步骤。

在任职资格体系中，员工的职级体现的是员工当前的能力，企业针对每个员工将要晋升的职级进行差距分析，就可以确定员工的晋升潜力。

例如，某公司规定所有员工晋升至所在大职级的A等才可以申请晋升至更高级别。技术部门有三个员工：刘浩（P2A）、李存（P3C）、刘亮（P4B）。对这三个人的当前职级和未来一段时间可能晋升的职级进行分析后，公司发现：

- 刘浩要想晋升至P3级，需要重点提高3项能力，大概需要1年的时间。
- 李存要想晋升至P3B级，需要提升2项能力，大概需要半年时间；要想晋升至P3A级，需要提升4项能力，大概需要1年的时间；要想晋升至P4级，需要提升6项能力，大概需要2年的时间。
- 刘亮要想晋升至P4A级，需要提升3项能力，大概需要1年的时间；要想晋升至P5级，需要提升6项能力，大概需要2年的时间。

按照上述方式对所有员工进行梳理，公司就可以确定未来一段时间内的人才结构。

人才发展计划

基于公司战略需求、人才差距分析结果以及未来人才结构分析情况，同时结合可能出现的员工离职情况，企业可以确定未来的人才发展计划。某部门的人才发展计划如表4-13所示。

设计学习地图：基于任职资格体系的人才培养

人力资源管理的核心是人才的"选、用、育、留"，其中"育"代表的是人才培养。随着人才对业务的牵引作用越来越突出，人才培养也成为企业关注的重点。建立学习地图，对人才进行系统培养是最有效的路径。学习内容的确定有两种方式。

第一种是基于员工的自我诊断，通过问卷、访谈等方式了解员工（全部或者部分关键人员）的需求。这种方式的优点是契合员工自身的想法，缺点是仅从员工本人的角度来提取内容，在一定程度上忽略了公司的发展诉求。因此，这类培养内容很可能与员工真正需要提升的能力脱节。

第二种是基于业务发展诉求，用逻辑推导出培养内容。这种方式的优点是培养内容更符合企业发展需求，缺点是推导过程较为复杂。

表4-13 某部门的人才发展计划

职级	期望人数	实际人数	差距	2023—2025年总体策略	2023年发展计划		措施		
					人才发展策略	2023年完成人数	2024—2025年计划展望		
							人才发展策略	2024年	2025年
P5	2人	0人	少2人	1. 2023年总人数达到20人； 2. 以内部晋升为主，适当进行外部招聘； 3. 适当淘汰部分低级别、低潜力的人员			2024—2025年晋升1人，招聘1人		
P4	4人	2人	少2人		2023年晋升1人	3人	2024—2025年晋升2人		
P3	8人	4人	少4人		2023年晋升2人，招聘1人	6人	2024、2025年分别晋升3人，招聘1人		
P2	4人	4人	0人		2023年晋升2人，招聘1人	5人	2024—2025年晋升2人		
P1	2人	8人	多6人		2023年淘汰2人	4人	2024—2025年晋升1人，淘汰1人		
合计	20人	18人	少2人						

企业采用第二种方式所建立起来的学习地图相对合理、有效，而基于任职资格体系进行逻辑推导是主要方式之一（见图4-8）。

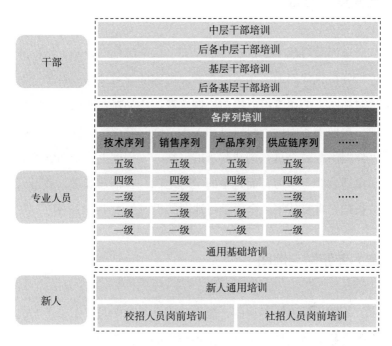

图4-8　基于任职资格体系推导学习地图

　　基于任职资格体系推导出的学习地图有以下两个特点：

- 学习地图的内容细化到每个序列的每个职级，更有针对性。
- 由于任职资格标准源于企业发展及员工成长需求，因此培养内容更有价值。

基于任职资格体系推导出的学习地图可以分为两类：全面学习地图和能力差距学习地图。

全面学习地图

全面学习地图是指对每个序列、每个级别的任职资格标准进行分析，从而形成涵盖所有学习内容的学习地图。有了全面学习地图，公司就可以提前协调资源，比如对专业内容录制微课，提前准备阅读资料以供相关人员随时学习。一些公司的线上学习平台就是这么搭建起来的。在一定程度上，全面学习地图更适合线上学习，而且全面学习地图一旦搭建起来，就可以被长期、重复使用。全面学习地图的提取如表4-14所示。

能力差距学习地图

不同于全面学习地图，能力差距学习地图是根据员工当前能力与应具备的能力之间的差距建立的。基于任职资格体系的能力差距学习地图的搭建可以同建立IDP同步。在建立IDP的第一步和第二步，公司可以提取相关学习内容（可以由公司统一组织），从而搭建起学习地图。

表4-14 全面学习地图的提取（示例）

模块	要项	2级		学习内容		学习方式	
		关键词	行为描述	项目	核心内容	采用方式	其他说明
影响力	教练辅导能力	目标、引导	指导其他员工对目标或工作流程进行分解、监控、优化	目标管理、流程管理	1. 关于目标管理：如何从上级目标中分解自己的目标，如何将自己目标分解为可执行的计划； 2. 关于流程管理：什么是流程、流程的来源、流程的优化方法与技巧	内训课程	沟通、问题分析与解决、流程管理等方面的具体内容需要综合多个行为项目的需求
			在指导员工处理问题的过程中教会员工思考问题产生的原因及底层逻辑	问题解决	如何分析问题、解决问题	内训课程	
	知识管理	总结、培训	总结日常工作经验并将其用于其他部门的工作	复盘	如何进行工作复盘	内训课程	
			对其他部门员工进行流程培训（针对本人所负责的业务模块）	培训能力	1. 理解工作内容以及相关流程； 2. 清晰、简洁的逻辑表达能力	内训课程	

模块	要项	2 级		学习内容		学习方式	
		关键词	行为描述	项目	核心内容	采用方式	其他说明
影响力	组织健康管理	宣传企业文化	积极宣传企业文化、企业故事，包括线上线下、对内对外等方式	企业文化	1. 企业文化的内涵、企业发展中的核心故事； 2. 清晰、简洁的逻辑表达能力	内训课程	
			发现不符合企业文化的行为并纠正	沟通能力	通过有效沟通纠正他人的行为错位或者偏差	内训课程	
	品牌打造	品牌包装	在必要的场合和场景下，对公司品牌进行包装与宣传，提升公司的形象	品牌打造	1. 什么是品牌； 2. 公司要打造什么样的品牌形象； 3. 清晰、简洁的逻辑表达能力	内训课程	
专业能力	业务操作能力	优化、改进	提出针对本模块工作的优化、改进建议，并被采纳	创新	1. 如何进行工作分析； 2. 如何分析问题、解决问题； 3. 如何进行经验总结； 4. 如何同上级沟通并说服上级	导师带教	

模块	2级			学习内容		学习方式	
	要项	关键词	行为描述	项目	核心内容	采用方式	其他说明
专业能力	流程管理	部门工作流程优化	针对部门工作提出优化建议并被采纳	流程管理	1. 什么是流程，流程的来源，流程的优化方法与技巧；2. 如何同他人沟通并说服他人	内训课程	
	学习能力	改进建议	学习本专业的新知识、新技能，提出工作改进建议并被采纳	学习能力	学习新知识并在工作上应用	外部交流	
	数据分析	发现并解决问题	通过数据分析发现目前存在的问题，提出解决方法并被采纳	数据分析能力	如何通过数据分析问题，解决问题	导师带教	

注：1. 部分内训课程采用微课形式，微课全部由内部人员录制；

2. 部分课程可以请外部老师来讲解；

3. 关于导师：可以是临时导师，也可以是长期导师，公司需要制定相应的导师机制。

建立IDP：基于任职资格体系对员工进行针对性培养

　　学习地图更适合对人才进行集体培养，可以用于通用的培养项目。相较集体培养，对员工个体进行针对性培养能更有效地改善绩效，提升员工能力。企业可以采用的方式包括定期沟通、工作监督、教练制、导师制、内部讨论、工作复盘、建立IDP等。在这些方式中，建立IDP是相对系统化的培养方式，而结合任职资格标准建立IDP可以使培养效果更优，其整个过程可以通过五个步骤来完成（见图4-9）。

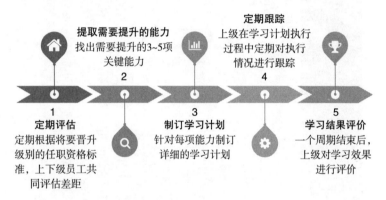

图4-9　建立IDP的五个步骤

第一步：定期评估

　　上下级员工定期根据将要晋升级别的任职资格标准来评估能力差距，一般建议每季度评估一次。

　　在具体操作时，企业可以采用类似晋升评估的方式，也可以采用简化的方式。例如，上下级员工面对面沟通每项任职资格标准，在沟通过程中，下级员工进行举证，上级通过举证案例来判断下级员工的表现跟任职资格标准之间的差距。或者由上级基于日常工作以及自己对下级员工的了解来判断该员工的表现跟任职资格标准之间的差距。员工定期评估表如表4-15所示。

表4-15　员工定期评估表（模板）

姓名		工号				当前级别			待晋升级别	
模块	要项	任职资格标准				能力评估			存在的问题	需要提升的能力
		级别	关键词	行为描述	关键要素	A	B	C		

在表4-15中，"模块"、"要项"和"任职资格标准"部分是指将要晋升级别的内容，"能力评估"部分评价的是员工当前的能力与将要晋升级别之间的匹配程度。员工的晋升评价标准如表4-16所示。

"存在的问题"是指员工的实际表现与任职资格标准相比，存在哪些问题。"需要提升的能力"是指基于员工存在的问题，提取员工应提升的关键能力。

表4-16 晋升评价标准

级别	说明
C：需要全面提升	未表现出相关行为
B：需要部分提升	表现基本达到要求，但距离完全达到要求尚有提升空间
A：不需要提升	表现完全符合要求，且经常为之

例如，某公司人际网络管理岗（P3级）的要求是：在日常工作中主动同内部负责各项工作和产品的关键人员进行沟通（可以是工作上的，也可以是非工作上的），从而联络感情。通过沟通，上级发现员工在人际网络管理方面存在的主要问题是没有同相关关键人员进行日常沟通，仅在需要的时候才沟通。那么针对这一问题，"加强同关键人员的日常沟通"就是该员工需要改进的内容。某员工的定期评估表（部分）如表4-17所示。

除了对任职资格标准进行分析，企业还可以对其他方面进行分析，例如绩效、日常工作表现等，之后将所有分析结果合在一起，形成更加全面的内容。

第二步：提取需要提升的能力

根据第一步的评估结果，对比员工需要提升的能力的重要性及紧急程度，上下级员工共同在"需要部分提升"和"需要全面提升"的项目中选择当前IDP周期内员工需要提升的能力，建议选择3个左右即可。需要说明的是，员工不一定必须首选"需要全面提升"的项目。

表4-17 某员工的定期评估表（部分）

模块	要项	级别	关键词	任职资格标准		能力评估			存在的问题	需要提升的能力
				行为描述	关键要素	A	B	C		
战略意识	客户策略						▨			
	产品策略						▨			
	公司战略						▨			
	业务理解						▨			
客户导向	发掘商机					▨		▨		
	方案执行					▨				
影响力	沟通能力									
	团队协作						▨			

模块	要项	级别	任职资格标准			能力评估			存在的问题	需要提升的能力
			关键词	行为描述	关键要素	A	B	C		
影响力	人际网络管理	3	外部关系建立	了解与工作相关的现有信息，并同关键人员建立联系，保证外部资源随时可用	1. 同相关外部人员建立联系； 2. 不会出现所需资源不到位的情况		■		没有同相关关键人员进行日常沟通	加强同关键人员的日常沟通
	投标管理									
	洞察力							■		
专业能力	数据分析	2	发现并解决问题	通过分析发现目前存在的问题，提出解决问题的方法并被采纳	1. 发现问题； 2. 找出问题产生的逻辑； 3. 解决问题			■	没有系统的数据分析方法，仅照搬过往任何的做法	学习系统的数据分析方法以及如何通过数据分析发现问题
	流程管理	2	优化建议	对日常工作中的问题行思考，提出流程改进建议并被采纳	1. 至少2个建议被采纳； 2. 实施效果		■		仅熟悉自己所负责工作的流程，不熟悉与工作相关的全部流程	熟悉同自己工作相关的全部流程
其他										

基于表4-17的分析结果，企业提取了该员工在某个IDP周期内需要提升的能力（见表4-18）。

表4-18　某员工需要提升的能力（部分）

模块	要项	能力评估 A	B	C	存在的问题	需要提升的能力	预备提升项目
战略意识	客户策略		■				
	产品策略		■				
	公司战略		■				
客户导向	业务理解		■				
	发掘商机		■				
	方案执行	■					
影响力	沟通能力	■					
	团队协作		■				
	人际网络管理		■		没有同相关关键人员进行日常沟通	加强同关键人员的日常沟通	√
专业能力	投标管理		■				
	洞察力			■			
	数据分析			■	没有系统的数据分析方法，仅照搬过往的做法	学习系统的数据分析方法以及如何通过数据分析发现问题	√
	流程管理		■		仅熟悉自己所负责工作的流程，不熟悉与工作相关的全部流程	熟悉同自己工作相关的全部流程	√
其他							

第三步：制订学习计划

　　根据第二步选择的本次IDP周期内员工想要提升的能力，上下级员工共同制订详细的学习计划（见表4-19）。由于建立IDP是部门级别的培养，因此对于学习计划中的方案，员工需要重点考虑其是否可以在本部门范围内实施。如果需要外部资源，员工应提前确定自己是否可以获取资源。

表4-19　员工学习计划表（模板）

预备提升项目				提升方式	具体措施（包括时间、频率、责任人、具体做法等）	预期效果	需要的外部资源
要项	存在的问题	需要提升的能力	本次提升内容				

　　"预备提升项目"中的前三项指的是员工在上一步最终选定的内容，"本次提升内容"指的是本次IDP周期内员工具体需要提升的内容。IDP周期是有时间限制的（比如一个季度），因此员工不一定要把预备提升项目中的全部内容安排在同一个IDP周期，可以进行优先排序或者先学习部分内容。比如对于数据分析能力，员工在第一个IDP周期可以先学习相关工具与技术，之后在下一个IDP周期学习如何通过数据分析发现

问题。

"提升方式"就是员工为了达到提升目的所采用的方式方法，主要包括：参与培训（外部公开课、内训课等）、内部辅导（导师带教、上级辅导等）、实践锻炼（参与项目、轮岗、在工作中刻意练习等）、交流（参与专题论坛、内部交流等）、其他（读书、看视频、查找资料等）。

"具体措施"是指员工的具体学习计划，包括时间、频率、责任人、具体做法等。

"预期效果"是指具体措施实施后预期可以达到的效果。

"需要的外部资源"指的是员工所需的本部门之外的其他资源。员工不仅要考虑自己需要哪些外部资源，还要评估外部资源是否可以"为我所用"。如果所需的外部资源无法获取，员工就要更改提升方式。在表4-18的基础上，该员工的学习提升计划如表4-20所示。

第四步：定期跟踪

制订好学习计划后，上级应定期（每周或每月）对员工的学习情况进行跟踪和阶段评估，以保证学习计划的顺利执行，同时解决学习过程中可能出现的问题。在必要的情况下，上级可以优化和调整后续学习计划。某员工的定期跟踪表如表4-21所示。

表4-20 某员工的学习提升计划表（部分）

| 要项 | 预备提升项目 | | | 具体措施（包括时间、频率、责任人、具体做法等） | 预期效果 | 需要的外部资源 |
	存在的问题	需要提升的能力	本次提升内容	提升方式			
人际网络管理	没有同相关关键人员进行日常沟通	加强同关键人员的日常沟通	加强关键人员的日常沟通	制订内部交流计划	1. 整理同自己工作相关的关键人员的信息以及需要沟通的问题（4月第一周）； 2. 制订沟通计划，包括沟通内容、沟通时间、沟通方式等（4月第二周）； 3. 实施沟通计划	同所有关键人员进行沟通并总结沟通成果	无
数据分析	没有系统的数据分析方法，仅照搬过往的做法	学习系统的数据分析方法以及如何通过数据分析发现问题	学习数据分析方法	参加数据分析公开课并总结经验	1. 4月份参加一次公开课，制作基于课程内容的思维导图，制订落地计划； 2. 5、6月份在工作中实施计划并总结经验	对公司目前的数据分析方法提出有效的改进建议	由人力资源部门提供课程信息
流程管理	仅熟悉自己所负责工作的流程，不熟悉与工作相关的全部流程	熟悉同自己工作相关的全部流程	熟悉同自己工作相关的全部流程	学习相关文件	1. 列出自己所负责工作的所有内容（4月第一周）； 2. 针对列出的工作，查找公司文件并熟悉流程上每个节点的工作内容（5、6月份各完成一半）	能说出跟自己工作相关的所有流程的所有内容	无

表4-21 某员工的定期跟踪表（部分）

预备提升项目	本次提升内容	提升方式	具体措施（包括时间、频率、责任人、具体做法等）	预期效果	需要的外部资源	过程跟踪（下级填写，上级修正）		
要项						4月	5月	6月
人际网络管理	加强同关键人员的日常沟通	制订内部交流计划	1. 整理同自己工作相关的关键人员的信息以及需要沟通的问题（4月第一周）； 2. 制订沟通计划，包括沟通时间、沟通内容、沟通方式等（4月第二周）； 3. 实施沟通计划	同所有关键人员进行沟通并总结沟通成果	无	1. 完全按计划执行； 2. 在沟通方式上，除了正式沟通，可以有一些非正式沟通，比如一起吃饭或者主动帮忙解决一些问题	1. 基本完成计划所列的沟通内容； 2. 针对某些部门，请对某些部门负责人和对方部门负责人一同进行了沟通，效果良好； 3. 同两个部门达成一致，每月定期进行一次部门之间的座谈； 4. 请两位同事一起吃饭	1. 完成同所有关键人员的沟通； 2. 对自己的工作以及相关部门的工作更加了解，相信后续的合作会更加顺利； 3. 计划每月至少同个别部门有一些接触，保持亲密度

第五步：学习结果评价

如表4-22所示，每季度结束后，上下级员工共同对学习结果进行综合评估，对出现的问题和学习的效果进行复盘。

表4-22　某员工的综合评估表（部分）

预备提升项目				结果评价（上级填写）		
要项	本次提升内容	提升方式	预期效果	完成率	单项评价	整体评价
人际网络管理	加强同关键人员的日常沟通	制订内部交流计划	同所有关键人员进行沟通并总结沟通成果	100%	员工完成得非常好，希望继续保持；后续在这方面应加强自己的主动性	总体完成率在80%左右，基本达到要求
数据分析	学习数据分析方法	参加数据分析公开课并总结经验	对公司目前的数据分析方法提出有效的改进建议	70%	从内容的丰富程度看，该项工作有了不少改善，希望后续持续关注、优化	
流程管理	熟悉同自己工作相关的全部流程	学习相关文件	能说出跟自己工作相关的所有流程的内容	70%	虽然没有完成全部目标，但是从成果上看基本达到预期效果，后续可能会在其他岗位推广此方法	

引领公司发展：基于任职资格体系的干部管理

一个完整的干部管理机制包含四个方面：干部标准、干部任用与盘点、干部能力发展、干部梯队建设。企业基于干部职级晋升通道和任职资格标准进行干部管理可以保证人尽其用、后继有人。

干部标准

干部标准是指企业对干部的要求。大部分企业的干部可以分为基层干部、中层干部、高层干部三个级别，不同级别的干部承担的责任不同，因而干部标准也是不同的。

在建立了任职资格体系的情况下，干部标准可以直接采用各级管理者的任职资格标准。例如，某公司为管理人员建立了从M1～M9的职级晋升通道，其中M1～M3为基层干部，M4～M6为中层干部，M7～M9为高层干部。M1、M2、M3对应的任职资格标准可以作为基层干部的干部标准，中层干部和高层干部的干部标准以此类推。

干部任用与盘点

干部任用的核心是解决干部任用的程序问题，干部盘点的核心是了解干部的能力。

干部任用

如图4-10所示，干部任用主要分为两类：新招聘干部的任用和干部晋升。新招聘干部的任用一般根据公司的招聘流程进行，这里重点关注干部晋升。

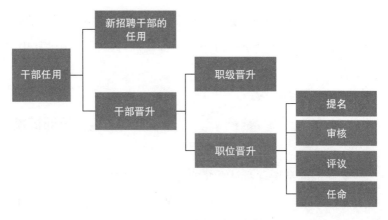

图4-10 干部任用的分类

　　干部晋升分为职级晋升和职位晋升。职级晋升是指在同一干部层级内职级得到提升，比如基层干部从M1级晋升至M2级。职级晋升代表的是个人能力提升到了新的层次，但是核心工作内容并没有变。职位晋升是指不同干部层级的晋升，比如从基层干部晋升为中层干部。职位晋升也就是人们一般所说的"升职"，代表着员工要承担更大的责任，负责更多的工作内容。职位晋升一般发生在企业设置了新的高级别岗位或者高级别岗位出现空缺的情况下。干部的职级晋升可以参照前文任职资格体系中的相关内容，这里重点讲一下职位晋升。

　　干部的职位晋升主要包括四个步骤：提名、审核、评议和任命。对于前三个步骤，企业都可以基于任职资格体系来设计。

（1）提名

　　提名即确定有资格晋升人员的名单。企业在提名阶段需要明确两个核心内容：提名权和提名资格。

根据干部级别的不同，提名权的设置是不同的。一般来说，基层干部由空缺岗位的上级提名，中层干部由公司高层提名，高层干部一般由公司一把手或公司成立的特别委员会提名。

对于提名资格，企业结合任职资格体系可以很快锁定提名范围，同时综合其他条件确定最终提名人选。例如，有些公司规定员工获得三种干部级别中的最高职级，且过往两年的绩效结果均为S或A才有资格被提名。例如，某公司规定M1～M3为基层干部，只有M3级别的基层干部才有资格被提名为中层干部。一般情况下，企业会优先提名后备干部。

（2）审核

审核工作主要由人力资源部门负责，审核的目的是核实被提名人是否符合公司的各项要求。人力资源部门可以根据上文提到的提名资格进行审核。

（3）评议

评议的主要目的是从提名人员中选择最优人选。企业在评议阶段需要确定两个核心内容：评议人和评议标准。

干部职位晋升的评议人及其评仪方式如下：

- 委员会评议：由多位高级别人员组成委员会，通过述职的形式进行评议。委员会评议可以用于所有级别干部的晋升。
- 360调查：企业可以采用360问卷和360访谈两种形式。由于360调查容易出现不公平现象，因此一般建议360调查仅作为干部晋升的辅助评议方式，不作为主要方式。
- 直接上级评议：由空缺岗位的直接上级对候选人进行评

议，直接上级评议一般用于基层干部的晋升。

干部职位晋升的评议标准可以参照将要晋升级别的干部任职资格标准。

（4）任命

通过评议的干部由人力资源部门出具任命文件，在正式任命下发之前，企业可以加入试用期和公示等，以提升干部任命的公平性和严肃性。

干部盘点

干部盘点通常有两种方式：日常盘点和整体盘点。这两种盘点方式的目的和内容都不同。

（1）日常盘点

日常盘点是指对干部的日常履职情况进行盘点，盘点频率比较高，盘点方式比较轻松。日常盘点的核心目的是了解干部的能力，从而为干部个人的能力发展提供依据。

基于干部任职资格标准，上下级员工可以定期（比如每季度）或者不定期进行面对面的沟通盘点。

（2）整体盘点

整体盘点是指定期对公司干部的整体情况进行盘点。整体盘点的主要目的是了解公司干部的能力结构，为公司干部的任用及干部培养机制的搭建提供依据。

整体盘点通常需要企业设置正式的盘点岗位或盘点组织（委员会），并在一段时间内完成盘点工作。盘点内容可以以任职资格标准为核心，结合绩效、潜力、资历等因素。企业也可以采用九宫格方式进行盘点，具体内容参考前文。

干部能力发展

基于盘点结果，企业就可以开展干部能力培养工作了，这一部分可以参考前文"建立IDP"部分的内容。

干部梯队建设

干部梯队建设是企业管理中越来越被重视的一个环节。完整的后备干部队伍建设包括后备干部标准、后备干部培养、后备干部日常管理、后备干部任用四个方面。

后备干部标准

后备干部标准包括两个方面：后备干部配比标准和后备干部选拔标准。

（1）后备干部配比标准

从公司长期发展的角度考虑，一个管理岗位最好有三级后备干部：马上可以接替工作的继任一级、需要培养1~2年的继任二级和有潜力的继任三级（见图4-11）。

但是从实际操作的角度看，大多数公司都无法制订三级继任计划。那么企业该如何确定干部与后备干部的配比，以保证人才供给和现有人员的活力呢？企业可以从两个维度考虑：公司发展速度、公司现有干部的稳定性。

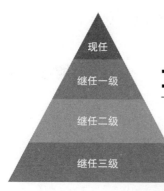

图4-11 干部继任计划图

现任
继任一级
继任二级
继任三级

- 基本可以胜任目标岗位（90%以上的适岗度）
- 出现空缺岗位即可提拔

- 距离满足目标岗位的任用标准还差1~2项关键能力或者适岗度为70%~90%
- 未来1~2年内可以达到继任一级

- 有潜力，但是适岗度只有50%左右
- 未来2~3年可以达到继任一级

公司发展速度对后备干部配比的影响：企业的快速发展会带来组织规模的快速扩张，从而出现大量新的管理岗位，这时候公司就需要提早开始培养后备干部；而当公司稳定发展时，组织规模基本稳定，很少出现新的管理岗位，这时候公司只需要少量后备干部，保证正常需求即可。

公司现有干部的稳定性对后备干部配比的影响：在现有干部迭代较快的情况下，公司需要较多的后备干部；在现有干部迭代较慢的情况下，少量的后备干部即可满足需求。

后备干部配比建议如图4-12所示，其中：

- "建议比例"是指干部岗位与后备干部数量的比例。
- "现有干部的稳定性"需要根据公司的具体情况分类、分层确定，比如公司基层干部的稳定性比较低，而高层干部的稳定性比较高。
- 干部迭代快的主要原因不一定是员工主动离职，也有可能是公司根据需要主动进行了迭代。

- 在设置后备干部比例时，企业既要考虑后备干部的离职、不胜任等情况，也要考虑后备干部长期不晋升所带来的影响。

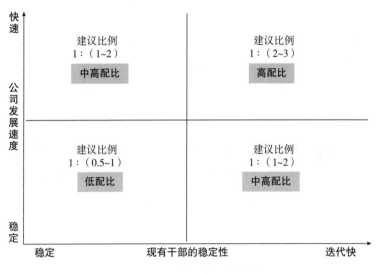

图4-12　后备干部配比建议

（2）后备干部选拔标准

后备干部的确定通常有两种方式：自然认定方式和选拔方式。

自然认定方式是指员工达到某一级别后自动成为后备干部，比如P4及以上级别员工自动成为基层后备干部，M3级别员工自动成为中层后备干部，M6级别员工自动成为高层后备干部。

选拔方式是指通过层层筛选的方式确定后备干部。企业通常是在自然认定的基础上（也可以有所放宽）增加选拔程序，将更有潜力的员工确定为后备干部。通过选拔方式确定后备干部的一般流程如下：

- 设置成为后备干部的基本标准（比如员工应为P3及以上级别的专业人员）。
- 符合基本标准的人员进行述职，认证人根据相关标准进行评议、打分。
- 通过评议的人员成为后备干部。

任职资格标准可以作为评议和打分的标准，不过这里的任职资格标准指的是员工将要晋升级别的干部标准，而且评议内容也不是员工是否符合标准，而是员工是否有成为高级别干部的潜力。

后备干部培养

当员工被认定为后备干部后，针对性培养就非常关键了，培养重点是高级别干部应该具备的能力。对于这一部分，企业可以参考前文"建立IDP"部分的内容。

后备干部日常管理

后备干部关系到公司的长期发展，在确认了后备干部后，企业除了对后备干部进行培养，还要重点关注后备干部的日常管理。后备干部的日常管理主要包括定期盘点和激励两部分。

定期盘点是指对后备干部的能力进行定期分析，从而为后续的培养提供更有针对性的建议。盘点的内容仍然是高级别干部应达到的标准，在有干部任职资格标准的情况下，企业可以用此标准进行盘点。

对后备干部进行激励主要是为了解决两个问题。

（1）员工被认定为后备干部是否有额外的物质激励（补贴）

这是企业经常遇到的问题，这个问题的答案不是简单的"是"或者"否"，我们需要分析公司的文化和整体管理环境。如果公司内部是强精神激励文化，员工认为自己被认定为后备干部是一种精神激励，而且后续的针对性培养会给自己的职业生涯带来好的影响（即使最终在本公司没有晋升），那么公司通常不需要提供物质激励。如果被认定为后备干部后，员工较大概率可以快速晋升，那么公司也可以不提供物质激励。

（2）企业是否需要设置后备干部流动机制

这里的流动机制是指干部队伍的动态变化机制。后备干部流动机制通常包括以下方面：

- 被动淘汰：员工一旦被认定不适合做后备干部（在定期盘点中发现员工不适合或者出现了其他严重事件），就需要从后备干部队伍中退出，再进入需要重新认定。
- 强制流动：为了更好地激励后备干部，有些公司除了设置激励机制，还会设置强制流动机制，比如规定每半年至少替换20%的后备干部。

从有效管理的角度看，一般建议公司根据自己的情况设置后备干部流动机制。

后备干部任用

后备干部的任用是指当干部岗位出现空缺时，企业从后备干部中选拔合适人员并任命。这个过程一般包括选拔、试用、正式任命。

选拔。当干部岗位出现空缺时，不管是有多个后备干部还是只有一个后备干部，企业都需要走完选拔流程。如果后备干部中没有合适人选，那么企业需要启动外部招聘。选拔方式可以是简单根据日常盘点情况直接确定，也可以是在日常盘点的基础上，根据员工述职情况确定结果。

试用。员工被确定为晋升人员后，一般需要一段试用期，试用期通常为3~6个月。试用期结束后，员工需要再次进行述职，以确认是否可以被正式任命。

正式任命。试用期结束后企业即可进行正式任命，进入正式干部管理环节。

第 5 章

有用比有道理更重要：任职资格体系的落地

"有用比有道理更重要"是企业在搭建任职资格体系时应坚持的一个原则，核心思想是企业在搭建体系时要有落地思维，这不仅要求企业在设计体系时关注体系本身的"技术细节"，还要求企业纳入一系列其他"场外因素"作为辅助。前文主要讲的是"技术细节"，这一章将主要介绍保证任职资格体系有效落地的"场外因素"。

任职资格体系搭建与执行中的角色责任

如图5-1所示，在任职资格体系的搭建与执行中，有四类角色非常关键，分别是高层管理者、中基层管理者、员工和HR。只有这四类角色充分合作并承担相应的责任，企业才能搭建起更符合实际需要的任职资格体系。

图5-1 任职资格体系搭建与执行中的四类关键角色

高层管理者：任职资格管理是"一把手"工程

高层管理者作为公司的"一把手"梯队，在任职资格体系的搭建和执行中需要发挥"一把手"作用：

- 当业务部门不重视任职资格体系时，重视并时刻维护。
- 对任职资格体系的效果保持期待。
- 当业务部门不配合时，协调业务部门配合相关工作。
- 对任职资格体系搭建和执行过程中的重大问题进行决策。

中基层管理者：任职资格管理的第一责任人

这里的中基层管理者主要是指业务部门的各级负责人。很多公司的中基层管理者都认为任职资格管理是人力资源部门的工作，自己仅承担辅助责任。实际上这是不对的，中基层管理者需要对员工进行日常管理，他们才是任职资格管理的第一责任人。作为第一责任人，他们在任职资格管理中承担的核心责任包括：

- 成为员工的教练，引导员工提升能力，适当的时候主动为员工创造提升能力或积极表现的机会。
- 观察员工的日常表现并适当进行记录，为与员工进行沟通以及评价员工做好准备。
- 参与任职资格标准的提炼并评估任职资格体系的适合度，适当的时候参与任职资格体系的修订。

员工：执行任职资格的第一责任人

前文提到企业搭建任职资格体系的核心目的之一是提升员工的能力，那么作为这个体系的主要受益者，员工在任职资格体系的搭建和执行中承担的责任包括：

- 参与任职资格标准的提炼。
- 在日常工作中主动践行任职资格标准。

HR：任职资格体系的维护者

HR容易被误认为是任职资格管理的第一责任人，实际上HR是任职资格体系的主要维护人。HR虽然不是任职资格管理的第一责任人，但是也承担着非常重要的职责，主要包括：

- 牵头进行任职资格体系的搭建、优化以及任职资格评审等工作。
- 为任职资格体系的运行提供支持，包括问题解决、计划实施、工具提供等。

企业在搭建任职资格体系时常见的"认知坑"

现在很多企业都希望自己有搭建任职资格体系的能力，也经常在搭建这套体系时遇到各种"困惑"，这既包括技术性问题，还包括一些认知偏差，下文将简单总结企业在搭建任职资格体系时容易遇到的"认知坑"。

把任职资格体系的搭建想得太简单

任职资格体系的搭建任重道远，并不像很多人想象的那么简单。即使有了方法论的指导，实际操作中的很多细节问题也远比想象中的多。

比如，关于序列如何划分，很多公司会按照部门来划分或者直接复制其他公司的做法，按照这种方式划分的序列，其正确性有待商榷。序列划分不准确会导致一系列连锁反应产生，最明显的问题就是企业很难制定任职资格标准。再比如，企业按照人力资源的六大模块制定了任职资格标准，但是在晋升员工时发现，并不是每个员工都会接触这六大模块，这样的任职资格标准形同虚设。

关于任职资格体系搭建的外部案例很多，企业在参考这些案例时需要考虑自身的情况，同时做好心理建设。

搭建任职资格体系时缺乏全局视角

任职资格体系包含一系列内容，要想使其发挥作用，企业就要使这一系列内容相辅相成。但是很多公司在搭建时只关注其中一两个方面，忽略了其他方面。例如，只注重职级晋升通道而忽略了任职资格标准，只注重任职资格标准而忽略了如何评价员工。这些情况都会导致企业搭建的机制发挥不出应有的作用。

任职资格标准过于专业

任职资格体系中最核心的内容是任职资格标准，为了让任职资格标准真正发挥作用，企业在提炼标准时不仅要站在专业角度，还要关注以下两点。

业务部门需要充分参与

很多公司的任职资格体系是人力资源部门一手搭建的，而真正需要参与的业务部门要么太忙，要么交付的内容让人"无法直视"，最后人力资源部门只能唱独角戏。我们知道，任职资格标准最终是要用在员工身上的，只有员工充分参与，企业才能保证任职资格标准更符合实际情况，并被员工理解和接受。所以任职资格标准的提炼需要企业"强迫"业务部门参与，即使搭建出来的内容稍"差强人意"。

建立执行者能看懂的任职资格标准

很多公司的任职资格标准晦涩难懂，充斥着各种专业术语，这样的任职资格标准往往会增加员工的理解难度，是起不到任何作用的。企业在提炼任职资格标准时一定要站在员工的视角，用他们熟悉的语言快速传达各个级别所要达到的标准。

照抄外部案例

曾经有位HRD（人力资源总监）跟我说，他们公司正在向华为学习，收集了很多华为的任职资格内容，把华为的任职资格标准略加修改后拿来使用，但是任职资格体系建立之后却落实不下去。究其原因，这种"拿来主义"的东西明显"水土不服"，华为看似简单的内容对该公司来说却晦涩难懂，而且其标准是该公司业务部门"跳一跳"也达不到的，最后辛辛苦苦建立起来的体系不了了之。

每个公司都有自己独有的文化环境、人才结构，在这种情况下，即使任职资格体系有相对通用的底层逻辑，企业也要在此基础上摸索出一套适合自己的逻辑，这样才能搭建出可以真正落地的任职资格体系。

"√" 变革曲线

作为一个在咨询行业摸爬滚打20年的咨询顾问，我发现很多企业的方案设计都没有问题，但是相关机制就是产生不了理想的效果。一个很重要的原因是，这些企业没有正确的变革思维。什么是正确的变革思维呢？下文分享了一个变革曲线——"√"变革曲线（见图5-2）。

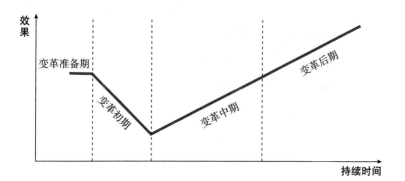

图5-2 "√"变革曲线

通常情况下，在变革想法提出后（变革准备期），大部分人是支持的，因为大家都怀着美好的憧憬，希望变革的结果是好的。

但是变革一定会让一部分人走出"心理舒适区"，这种舒适区在多数情况下无关对错，而跟人们在习惯了某个场景后形成的惰性有关。因此在变革初期很多人都会感到不舒服（即使他知道这样做是对的），这种不舒服会带来心理上以及行为上的抵触。这时候变革会导致工作效率呈下降趋势，再加上操作不熟练或者细节不完善，工作效率在一段时间内会持续下降，最终达到一个最低值。

随着磨合期过去，员工逐步适应并将新的举措变成习惯，再加上一些影响工作效率的细节得到调整，新机制逐步发挥出其应有的价值（变革中期）。经过一定时间后，变革所带来的积极影响逐步扩大，直至超出公司在变革前的价值（变革后期）。这就是"√"变革曲线。

不管是大变革还是小变革，不管是被动变革还是主动变革，也不管变革多么有价值，这一曲线在任何变革中都会有所体现，只是持续时间长短不一。

很多公司的变革之所以不成功，是因为变革停留在了"√"曲线的前半段，公司看到工作效率下降就叫停变革或者执行大打折扣。真正能产生效果的变革往往需要企业挺过"√"曲线的前半段。那么，企业需要怎样做呢？

华为在变革过程中提出了"先僵化、后优化、再固化"的变革逻辑，这其实就是最好的解决办法。在变革初期，由于一切都还不明确，企业需要按照当初设计的方案"僵化执行"。在变革中期，根据前期的实施效果，企业可以对变革内容进行适当的优化和调整。在变革后期，企业可以将相关方案固化下来，最终使变革落地生根。

附录1 知识考试题库（部分）

第一部分（多项选择题或单项选择题）

1. 以下不属于任职资格体系内容的是：

   A. 为岗位划分序列

   B. 为每个序列设计发展通道

   C. 设计各序列上不同职级的任职资格标准

   D. 建立评价与管理机制

   E. 撰写岗位职责说明书

2. 任职资格体系对员工的作用是：

   A. 为员工明确努力的方向

   B. 纠正员工日常工作中可能存在的问题

   C. 评价员工能否晋升

   D. 仅仅用来确定员工能否晋升

3. 序列划分的依据是：

A.部门

B.岗位的相似性

C.一个岗位一个序列

D.部门负责人说了算

4.下列关于职级晋升通道的说法，错误的是：

A.通道上的职级数量一般为3~6个

B.晋升可以带来工资的提升

C.晋升之后员工需要承担更大的责任

D.晋升之后企业只需要提高员工的工资

5.关于任职资格体系，以下说法错误的是：

A.绩效管理体系主要管结果，任职资格体系主要管过程，公司首先追求的是结果，因此需要先有结果，再通过任职资格体系来确定员工能否晋升

B.任职资格体系可有可无

C.公司应该鼓励大多数岗位进行"多能工"发展，因此在大部分情况下，建议任职资格体系针对的是一组岗位的集合

D.提高员工能力是任职资格体系的主要目的，任职资格体系的搭建不追求完美，但应该随着公司的发展而不断完善

6.关于任职资格体系中的内容，以下说法正确的是：

A.基本条件：也叫门槛条件，是确定员工是否有资格晋升的条件

B.核心条件：也叫评审条件，是确定员工能否晋升的关键条件，核心要素是员工的能力和素质

C.红线条件：也叫必要条件，一般是一票否决条件，通常包括价值观、法律法规、公司制度等

D.申请条件通过之后，员工基本上就可以晋升了

7.针对任职资格体系，员工在日常工作中可以采取的行动包括：

A.经常关注任职资格体系

B.按照任职资格体系的要求完成工作

C.经常对照任职资格体系来验证自己的工作是否达到要求

D.主动申请承担任职资格体系中的非日常工作

8.针对任职资格体系，管理者在日常工作中可以采取的行动包括：

A.不定期或者定期对员工的任职资格情况进行盘点

B.为员工创造条件，从而使其达成任职资格标准

C.鼓励员工按照任职资格标准完成工作

D.解答员工对任职资格体系的疑问

E.总结优秀案例，为员工提供参考

F.将任职资格标准当作唯一的工作标准

9.任职资格体系对公司的作用包括：

A.引导员工发展公司所需的能力

B.长期来说可以更好地提升公司的组织能力

C.支撑公司战略的实现

D.保留优秀员工

E.对公司的作用不明显

10.专业类岗位的技能行为模块划分可以参考的模型是：

A. "π型"人才模型

B. "T型"人才模型

C. "I型"人才模型

D. 随意设计

11. 下面可以为技能行为要项的设计提供借鉴的是：

A. 人力资源的六大板块

B. 岗位职责的内容

C. 工作流程和节点

D. 招聘时向应聘者提出的问题

12. 任职资格体系中技能行为描述的内容源于：

A. 对优秀员工的行为进行总结

B. 根据事件的内在逻辑进行推导

C. 对现有所有员工的行为进行总结

D. 参照外部标杆企业的内容

13. 下列关于技能行为描述的说法，正确的是：

A. 每个描述都应包含动作和执行对象

B. 描述内容可以明确引导员工的行为

C. 内容要求应超出企业对现有一般员工的要求，要让员工努力一下才能够得着

D. 行为描述应简单、明确

14. 下列可以作为技能行为要项中不同层级描述逻辑的是：

A. 单模块、多模块，单系统、多系统

B. 单频次、中频次、多频次

C. 指导完成、独立完成，体系搭建、方法论搭建

D. 员工级问题、部门级问题、公司级问题

15.关于任职资格体系中的关键要素，下列说法正确的是：

A.列出评估时需要关注的所有关键点

B.关键要素可有可无

C.对于难以判断的评估点，给出明确的判断标准

D.判断标准应可被评估，包括可被量化或可被明确辨识

E.评估点的确定要从"岗位要求、让员工理解、让认证人理解"三个视角思考

16.下列关于任职资格体系中各角色的描述，正确的是：

A.公司高层：把任职资格当作一把手工程

B.中层部门负责人：任职资格体系的第一责任人

C.HRBP：在任职资格体系中充当管理者和员工的教练

D.HRCOE（人力资源专家）：任职资格体系的设计者，也是任职资格体系的第一责任人

17.下列关于任职资格标准的说法，错误的是：

A.任职资格标准强调行为，因此员工必须做出相应的行为才能符合要求

B.在任职资格标准中，员工只是"会"，并没有表现在日常工作上，这是不能对公司产生价值的

C.任职资格标准的核心是员工的能力和素质

D.管理者不需要任职资格标准就可以判断员工能否晋升

18.在任职资格体系中，企业通过什么样的方式来区分同一序列内不同岗位的差异：

A.同一序列内所有岗位的任职资格标准是完全一致的

B.通过任职资格标准对照表来确定不同岗位的差异

C.不同岗位采用不同的内容描述

19. 公司的任职资格评价最好采用哪种方式：

　　A. 直接上级评价

　　B. 评审委员会评价

　　C. HR 评价

　　D. 360 评价

20. 任职资格的证明方法不包括：

　　A. 案例举证

　　B. 证明人

　　C. 文档说明

　　D. 部分情况下在现场解释

　　E. 全部现场解释

21. 如果员工认为自己可以晋升，但是评价结果却是不能晋升，那么管理者应该如何做：

　　A. 向人力资源部门争取

　　B. 同员工进行沟通，分析原因并制订提升计划

　　C. 放置不管

　　D. 请求评审委员会给予通过

22. 关于序列转换的说法，错误的是：

　　A. 从培养综合型人才的角度看，企业应该鼓励高职级员工进行序列转换

　　B. 同一序列内的岗位，性质比较相近，因此转换起来比较容易

　　C. 不同序列的岗位，性质相差较大，因此公司应该禁止员工在不同序列之间进行转换

　　D. 在职级较低的情况下，一般不建议员工在不同序列之

间转换岗位，因为这不利于员工专业能力的培养

23.为了提升员工的能力，管理者可以采取的措施不包括：

A.根据任职资格标准，对员工进行针对性培养

B.定期就任职资格标准与员工进行沟通

C.请HRBP对员工进行任职资格培训

D.任由员工自由发展

24.关于任职资格标准，下列说法错误的是：

A.根据战略需求建立任职资格标准

B.基于公司未来2～3年的发展需求来考虑任职资格标准

C.任职资格标准应该是大部分人通过一定努力才可以达到的

D.任职资格标准应该符合当前大部分员工的情况

参考答案：

1. E	2. ABC	3. B	4. D
5. B	6. ABC	7.ABCD	8. ABCDE
9. ABCD	10. A	11. AC	12. AB
13. ABCD	14. ABCD	15. ACDE	16. ABC
17. D	18. B	19. B	20. E
21. B	22. C	23. D	24. D

第二部分（开放题）

　　作为一名管理者或者高职级员工，您会采取哪些措施来使任职资格体系发挥更大的价值？

附录2 任职资格认证人宣誓誓言

感谢公司的信任，很荣幸成为公司任职资格认证人中的一员。通过对任职资格体系的深入学习，我认识到了任职资格体系对自己、公司员工以及公司发展的重要性。作为认证人，我深知自己责任重大，在此我郑重宣誓：

- 积极、主动地参与公司任职资格评审，接受安排，不推卸责任。
- 每次评审前都认真准备，包括重新熟悉任职资格评审要求，认真阅读评审对象的申请材料。
- 在评审过程中严格按照评审要求完成工作：不讲情面、不走过场，以对员工成长负责、对公司发展负责的态度完成评审，敢于指出员工的不足，积极对员工提出发展建议。
- 对参与评审的每一条任职资格的评审结果负责，对每一个员工的最终评审结果负责。

对于以上承诺，我接受全体同事的监督。

宣誓人：×××

附录3　A公司任职资格体系搭建全过程

项目背景

A公司是一家以生物技术开发为主，集原料开发、产品研发、生产、销售为一体的现代化企业。

成立之初，公司一直处于快速发展状态，每年的业绩增长速度均超过50%，但是在成立5年后，同行业的其他公司仍在快速增长，A公司的增速却逐步放缓。同年，A公司确定了要做行业头部企业的新发展愿景，在研究了一些标杆企业的发展历程之后，公司进一步提出三年目标：打好基础，建设有活力的组织。于是A公司开始刻意放慢业务发展速度，将注意力放在组织能力建设上。

现状诊断

A公司找到我的团队，我们先针对其组织能力进行了问卷调查，之后对核心人员进行了访谈，从而找到了该公司存在的问题以及组织能力建设的突破口。最终我们基于问卷与访谈结果总结了A公司当前存在的主要问题。

多数员工不愿意承担更多的责任

A公司虽然有完善的岗位职责说明书，但是由于公司快速发展，新的工作内容不断涌现，这迫使员工承担更多的责任。如果岗位职责说明书不及时更新，那么相当一部分员工不愿意承担原岗位职责之外的工作，即使承担了新职责，员工也会因为公司没有给予相应的待遇而心生不满。

内部协作不畅

A公司经常出现员工或各部门"自扫门前雪"的情况，比如领导希望市场部员工多参与产品开发，协同产品部完善公司的产品，但是市场部的员工认为自己收集市场信息并交给产品部即可，参与产品开发不在自己的职责范围内。

核心员工离职情况严重

A公司员工的平均司龄不足2年，核心部门的平均司龄更低，比如产品部有70%的产品工程师司龄不足一年。究其原因，主要是A公司没有明确的职级晋升通道，同时员工职级和薪酬的确定方式较随意，这极易造成内部的不公平。

人效低下

A公司虽然有新员工入职培训、通用能力培训和专业知识培训等相对完善的培训内容，但是并没有形成系统的人才培养体系。这导致员工能力提升缓慢，公司只能通过不断增加人手来满足业务增长的需要，而且人数增长速度明显快于业务增长速度，从而造成人效越来越低。

问题分析

那么如何解决这些问题呢？首先我们召集A公司的核心管理层开展研讨，在研讨过程中大家提出了以下观点：

- 部分人认为公司需要重新梳理岗位职责，明确分工，做到"权责明确"。
- 部分人认为公司需要提高员工的薪酬待遇，进而提高员工的工作积极性。
- 部分人认为公司应该重新搭建绩效考核体系（该公司一年前刚刚搭建），根据考核结果对员工"优胜劣汰"以及提高优秀人才的待遇。
- 部分人认为公司应该建立胜任力模型，通过胜任力模型确定员工的能力标准，从而更好地选拔和评价人才。

- 部分人认为公司应该提升管理者的管理能力，因为大部分情况下，员工离职率高以及工作满意度低主要是员工的直接上级造成的。

综合以上观点，我们进行了分析。

- **关于岗位职责**：当代员工对岗位职责并不是很重视，因为岗位职责对员工的约束力不够大，加上A公司处于快速发展阶段，岗位职责的变动很大，频繁梳理并调整岗位职责的成本太高。

- **关于薪酬待遇**：不能盲目提高薪酬待遇，因为大部分员工的薪酬在当地已处于较高水平了，薪酬没有提升的必要。最好的方式是给予优秀人才多方位的支持，助力员工个人成长与组织能力提升。

- **关于绩效考核**：A公司当前的绩效考核体系并没有太大的问题，绩效考核对员工的引导作用还是比较强的，大部分员工也比较重视绩效考核。问题在于公司业务的发展速度明显快于员工能力提升的速度，员工对于不断变化的业务目标感到力不从心。

- **关于胜任力**：胜任力侧重于考察员工的能力，建立胜任力模型是一个相对合适的方案。因为在绩效考核体系发挥作用的情况下，A公司需要将更多的精力放在"引导员工提升能力，为公司创造更大的价值"上。但是我们同时认为胜任力模型有一个很大的问题，即它可以用来评价员工，但在引导员工方面的作用有限。这是因为常规的胜任力描述比较宽泛（比如对沟通能力的描述是"通过沟通解决复杂问题"，而每个人对于"复杂问题"都有不同的理解），而且胜任力模型通常不会与薪酬挂钩，因此无法真正打动员工。

▪ **关于管理能力提升**：管理能力的提升是一个系统工程，而且管理能力发挥作用的一个关键条件是向管理者提供合适且有效的管理工具，仅靠管理能力企业是无法真正管好员工的。

根据上述分析，我们提出了搭建任职资格体系的建议，并提议该公司研究一下华为的任职资格体系。在之后的一段时间里，该公司人力资源部门研究了任职资格体系的内容及价值，同时到华为进行参访。最终我们一致认为将任职资格体系与薪酬体系、绩效管理体系结合，可以在较大程度上解决A公司的问题。

任职资格体系设计与运行

整个项目原本只包含方案设计部分，计划4个月完成，但实际上我们与A公司的合作持续了4年的时间。在这个过程中，我们完成了任职资格体系从0到1的搭建，辅导了任职资格体系的落地运行，对任职资格体系的内容进行了1次升级，并将任职资格体系同A公司的其他管理机制进行关联。整个合作过程分为三个阶段：方案设计阶段（4个月左右）、运行辅导与内容升级阶段（1.5年左右）、组织体系优化阶段（2年左右）。

第一阶段：方案设计

方案设计工作持续了四个月的时间，整个过程一共分为五步。

划分岗位序列

我们首先梳理了A公司的组织架构及标准岗位，然后分析了各个岗位的职责与特点，之后将岗位归类，最终为该公司所有岗位划分序列，包括职类、职族和序列（见附表1）。

附表1　A公司职位序列划分表（部分）

管理类（M）	专业类（P）								
	营销族		供应链族		技术族		职能管理族		
	销售序列	市场序列	库存管理序列	供应商序列	研发序列	运维序列	人力资源序列	HRBP序列	财务序列

在划分职位序列时，A公司出现了以下错误认知：

- 序列划分随意，一些部门认为部门就是序列。
- 一些部门认为职位序列的层级越多，说明本部门越重要，所以试图对一个岗位划分一个序列。

- 管理序列按照工作专业进行细分（比如管理序列分为营销管理序列、供应链管理序列、技术管理序列等）。

设置职级晋升通道

在上述职位序列的基础上，结合员工发展及公司实际需要，我们针对不同序列设置了职级晋升通道（见附表2）。

在设置职级晋升通道时，A公司出现了以下问题：

- 管理通道和专业通道混用，且管理通道的级别高于专业通道的级别。
- 一些人将职级晋升视为薪酬调整的唯一途径，因此认为晋升通道越长越好（比如有人认为阿里设置了14个职级，虽然公司达不到阿里的水平，但是职级数量应该尽可能多，以满足员工的需求）。
- 当员工改变序列后，公司不知道怎样处理，尤其是薪酬待遇部分。

制定任职资格标准

有了职级晋升通道，接下来的工作就是提取各职级的任职资格标准，这是整个方案中最复杂的部分。为了保证最终效果，我们决定先从HRBP序列开始提取，这主要基于三个方面的考虑。

第一，虽然任职资格标准的提取有基础方法论，但是每家公司的真实情况是不同的，因此各公司的实际操作逻辑也略有不同。在项目初期，我们需要对某个序列进行尝试以找到更符

附表2　A公司专业序列的职级晋升通道（部分）

销售序列		市场序列		库存管理序列		供应商序列		研发序列		运维序列		人力资源序列		HRBP序列		财务序列	
职级	岗位	职级	岗位	职级	岗位	职级	岗位	职级	岗位	职级	岗位	职级	岗位	职级	岗位	职级	岗位
								P6A	首席								
								P6B									
P5A	客户专家	P5A	高级专家	P5A	高级专家	P5A	高级专家	P5A	高级专家	P5A	高级专家	P5A	高级专家	P5A	高级专家	P5A	高级专家
P5B		P5B		P5B		P5B		P5B		P5B		P5B		P5B		P5B	
P4A	资深客户经理	P4A	专家	P4A	专家	P4A	专家	P4A	专家	P4A	专家	P4A	专家	P4A	专家	P4A	专家
P4B		P4B		P4B		P4B		P4B		P4B		P4B		P4B		P4B	
P3A	高级客户经理	P3A	资深专员	P3A	资深专员	P3A	资深专员	P3A	资深工程师	P3A	资深工程师	P3A	资深专员	P3A	资深专员	P3A	资深专员
P3B		P3B		P3B		P3B		P3B		P3B		P3B		P3B		P3B	
P2A	客户经理	P2A	高级专员	P2A	高级专员	P2A	高级专员	P2A	高级工程师	P2A	高级工程师	P2A	高级专员	P2A	高级专员	P2A	高级专员
P2B		P2B		P2B		P2B		P2B		P2B		P2B		P2B		P2B	
P1A	客户专员	P1A	专员	P1A	专员	P1A	专员	P1A	工程师	P1A	工程师	P1A	专员	P1A	专员	P1A	专员
P1B		P1B		P1B		P1B		P1B		P1B		P1B		P1B		P1B	

合A公司的任职资格标准提取逻辑，从而保证整体工作方向是正确的。考虑到任职资格体系是人力资源管理的重要工具之一，从人力资源部门开始是最合适的。

第二，任职资格管理是人力资源部门的核心工作之一，HR需要理解任职资格体系的底层逻辑，以确保顾问离开公司之后任职资格体系仍然可以很好地运行，或者在必要的情况下HR可以对系统进行优化和调整。公司反复寻找搭建逻辑的过程也是带领HR深度学习任职资格体系底层逻辑的过程。

第三，HR在基本掌握底层逻辑后，可以更多参与本项目的后续工作，从而保证项目内容符合A公司的实际情况。

我们召集人力资源部门的主管及以上职级人员对任职资格标准进行了讨论。在确定了人力资源序列的任职资格标准后，我们陆续召集其他序列的相关人员，通过工作坊讨论的方式确定了不同序列的任职资格标准。

在制定任职资格标准时，A公司遇到了以下问题：

- 任职资格标准与岗位职责有什么不同？任职资格标准到底包含哪些内容（能力、行为、绩效、素质、知识、技能都要包含吗）？
- 如何有效提取任职资格标准？
- 如何让各方（员工本人、员工上级、认证评价人等）都正确理解任职资格标准的内容？
- 如何保证任职资格标准能引导员工在实际工作中积极表现？

设计认证评价机制

有了任职资格标准，员工的晋升就有了依据，那么接下来要解决的问题就是通过什么样的方式来确认员工是否可以晋升。这一步也非常关键，很多公司花了很大精力设计的任职资格标准不能很好地运行，主要原因就是认证评价机制没有设计好。基于过去的经验，同时结合A公司的实际情况，我们与人力资源部门经过多次讨论后确定了认证评价流程，并针对流程中的每一步都设计了详细的规则。

在设计认证评价机制时，A公司遇到了以下几个问题：

- 多长时间评价一次？
- 员工如何证明自己达到了任职资格标准？
- 认证评委怎么选？
- 如何保证公司对员工的认证评价是公平、公正的？

试运行

为了保证整个方案可以落地，在以上内容设计完成后，我们在A公司人力资源部门内部进行了试运行，试运行的基本过程如下。

（1）确定员工初始职级

A公司人力资源部门共有15人，如果对所有人进行逐级评审（从P1级开始），那么这会花费太大的精力。因此，我们采用如下方式确定员工的初始职级：

- 所有人员的最高职级为P3A级。

- 所有人员根据工龄及过去1年的季度绩效结果（绩效结果分为A、B、C、D四个等级）计算积分，标准为：1年工龄等于0.5分；绩效结果为A积4分，绩效结果为B积3分，绩效结果为C积1分，绩效结果为D不积分；20分以上的员工为P3A级，基于此，员工每少2分降低一个级别。

（2）确定参与评审的人员

在综合考量了各种因素之后，我们最终确定去年的绩效结果全部在B级及以上，且在公司的工作时间超过1年的员工可以申请认证评价（因为是试运行，为了保证有足够的人员参与，所以这里的条件与前文确定的基本条件相比有一定程度的放宽）。本次认证评价虽然是试运行，但是为了引起大家的重视，本次评审结果即为正式评审结果。最终，有5名员工符合晋升要求（2名申请大职级晋升，3名申请小职级晋升）。获得晋升资格的员工有一周的时间准备材料。

（3）确定认证评价人

本次晋升评审，除了1名人力资源部门负责人，我们还选了4名其他部门的负责人共同作为认证评价人。

（4）认证评价

正式评审前，我们对认证评价人进行了培训，之后由认证评价人对参评人员进行评审，未参与评审的其他认证评价人作为旁听人员参与。最终3人获得晋升（1人获得大职级晋升，2人获得小职级晋升）。

试运行结束后，我们组织人力资源部门及参与评审的其他部门负责人对整个过程进行了复盘，针对评审中出现的问题做了修正，并补充了一些细节规则。

参考人力资源部门的评审方式，我们在该公司内部的其他部门进行了第一次正式评审。

第二阶段：运行辅导与内容升级

在任职资格体系建立并运行一段时间后，我们与A公司达成了常年顾问辅导合作。常年顾问辅导分为两个阶段，第一阶段大约持续了1年半的时间，主要工作是辅导A公司运行任职资格体系，并对内容进行迭代。

任职资格体系的运行

在制订方案时，我们确定的晋升评审频率为每半年一次。在之后的三年里，A公司每次开展晋升评审工作我都有较大程度的参与，主要工作包括：任职资格理念培训、复盘晋升评审工作、优化体系。

制定序列转换规则

由于A公司处于快速发展阶段，内部人员的调岗、轮岗是常态，但是公司对于序列转换并没有建立明确的规则（仅建立了简单的薪酬调整规则），这导致当公司需要员工转换序列时，员工不愿意，有些员工认为转换后的薪酬不合理。因此在任职资格体系运行1年后，我们认为有必要制定序列转换规则，以引导员工向公司需要的方向发展。

认证人认证机制设计

在任职资格体系运行的过程中，我们发现了两个重要问题：

- 经常出现不同认证人对同一个员工的评价差异较大的情况。
- 每次评审都要花费很长时间，很多管理者不愿意充当认证人这一角色。

基于此，我们设计了认证人认证机制，强制要求一些员工必须通过认证人认证，并且每年必须承担一定的评审责任。

任职资格内容升级

虽然每次评审结束后我们都会进行复盘并修订内容，但是这些修订对整个体系的影响较小。在原体系运行了4次后，我们发现原来的任职资格标准不能很好地满足公司的发展需求，于是我们对任职资格体系的内容进行了一次大的升级。

第三阶段：组织体系优化

在刚建立任职资格体系时，我们主要将认证结果同薪酬建立了关联。在运行了一段时间后，我们基于任职资格体系对整个组织体系（招聘、学习发展、人才管理、干部管理等）进行了优化，从而使任职资格体系在人力资源管理上发挥更大的作用。